大展好書　好書大展
品嘗好書　冠群可期

大展好書　好書大展
品嘗好書　冠群可期

合氣太極
①

太極拳中的摔法

林明道
巫炫毅 著

大展出版社有限公司

自 序

太極拳中的摔法──MIT的「合氣太極」

太極拳本來就有摔、打、踢、拿等武術應用，本書是挑選太極拳中部分比較簡單、易學又容易做安全護身的摔法來與讀者分享

　　今日太極拳已風靡全球，許多歐美人士遠赴國內及大陸取經。但反觀台灣境內，政府單位並不重視，致使許多太極大師，先後遠渡重洋，在國外建立總部；或竟老死於鄉野，致使無數心法幾近失傳，實在是中華文化的一大損失。

　　連大師級的人苦練一輩子而無以維生，故許多的太極名家因應市場需求，改以養生、運動為主的太極拳練法，因而去掉相對危險且困難的太極拳摔、打、踢、拿試手對練教學，最多只對入室弟子口頭敘述，甚至隻字不提；門徒相傳數代之後，已逐漸遠離太極的真面目而不自知。最近更有以飄逸舞蹈為主的新武術太極，改採類似於地板操一樣，以姿態的優美、動作的困難度來評分，美則美矣！但還是與傳統太極有極大的距離，人們逐漸把太極拳的原始面貌給遺忘了。長此下去，將來在台灣長大的孩子們要學好太極拳，恐怕得遠赴重洋，到國外去取經了。

要解決這樣的困境,唯一的方法就是用科學化、系統化與制度化的方式,把古典太極拳中摔、打、踢、拿的試手對練還原回來,彌補了現代太極拳教學系統中最大的一個缺口,讓太極拳的武術精華能安全地、有系統地傳承給廣大的太極拳愛好者,以期吸引更多的年輕愛好者願意一起來挖掘這個令人癡迷的太極寶藏,並期望那些僅存的太極高人願意把一些壓箱寶拿出來與大家分享,一起為這中華文化瑰寶的持續發揚光大而努力。

合氣太極就是以護身倒法來取代古典太極拳中一發三丈的危險情境,剔除死、殘等手法,並輔以嚴謹的紀律以及精準的圓柔對練,來防止出手見紅的血腥畫面。再加上古典太極拳精闢的招式、理論及養生功法為基礎,是強調愛與自然的養生武術。如此才有可能以現代化、科學化並很安全的方式,建立一個新的學習系統,雖無法將太極拳中摔、打、踢、拿的試手對練完整地還原回來,但已經彌補了許多現代太極拳與古典太極拳之間的重大差異,這樣的太極拳才能長久傳承而不再持續凋零。

因為合氣太極能在安全不傷人的情況下讓學員試手過招,學員也才能更快速地由招熟進而懂勁,終而進入太極拳「階及神明」那種力與美的藝術境界。而且合氣太極的學員藉由攻防練習而必須有入身走位、護身翻滾等整體且有協調性的運動,可以讓學員獲得更足夠的運動量,更容易達成減肥、運動、塑身的效果。而且在寬敞、安全、舒適的地墊上翻滾個幾圈,對於工作壓力很大的現代人,更有舒筋活血、抒解壓力的神奇效果,也讓太極拳在目前的

現實環境中，更具有實用的價值。

「合氣太極」力圖恢復太極拳中的摔、打、踢、拿練習，是目前最科學化又最貼近古典太極拳的一個太極拳學習系統。

給本書讀者的建議：

本書是一本基礎的教科書，主要是提供讀者一些學拳的正確觀念與方法，內容並包括了部分太極拳中的摔法以及演武教學。這只是「合氣太極練功心法」中所提招熟懂勁階段中的初階功夫，離太極拳實戰或階及神明的階段還有一大段距離。但如果不當的使用或場地不夠完善，部分招式的試手對練仍具有相當大的殺傷力，所以不論是初學太極拳者，或已經熟練某些太極拳推手、套路，想要透過演武練習來突破自身瓶頸者，一定要先將本書內容從頭到尾先瀏覽幾遍，再進行練習。

尤其想要學習合氣太極演武之人，務必遵守本書第一章「敬、靜、淨、愛、安、定」的習武規範，以確保往後的學習是安全且愉快的。如果無法確定自己能遵守上述的規範，筆者建議您還是不要購買本書，或只練習本書套路中練意、練氣的部分，還有護身倒法等非常實用的課程，而不要練習本書所介紹的演武內容，以免日後造成自己或拳友的傷殘，後悔莫及。

傳統太極拳中有些彈抖勁、空中飛踢等爆發性強的招式，或死、殘等手法，不符合現代人養生以及運動的要

求。更怕有些心性不定的新手在初學一些「殺招」之後躍躍欲試，一個不小心造成對手傷殘。為了安全，合氣太極的套路及演武必須把傳統太極中部分的招式稍做修正，但合氣太極也並非另創招式與套路，讀者不必擔心學習此一套路有何困難，或將來學習其他傳統套路時會有格格不入的問題。

若已經學過其他套路而不想再學另一套路者，也可以將本書列為參考書籍，將本書中所用的手法轉入自己原先熟悉的套路中。但筆者強烈的建議最好不要選擇這種繞遠路的方法，合氣太極 24 式是本協會匯集了陳太、楊太、擒拿、柔道、警用逮捕術、合氣道等各方面的高手，共同研討了將近五年才定案的太極拳濃縮精華，其間並有許多年輕的武術練家子可供驗證；要再重來一次，所需的人力、物力恐怕不是一般團體所能負擔。

若已經熟練合氣道、柔道的讀者，則可以多多練習合氣太極的套路，因為合氣太極的套路是濃縮過的招式精華。讓原本需要在寬闊道場中兩人對練的武術，可以在任何場地與時間，在沒有對手的情況下，一個人靜心揣摩。減少了人、事、時、地、物的障礙，只要掌握正確要領，武術的進步，自然可以數倍於一般的練習方法。熟練後，可依循本書第六章的演武示範在道場與拳友對練，很容易就可以上手。

本書是依照本人學拳以及教學多年所體悟的一些最基礎、也是最重要的基本觀念，提供給太極拳的初學者參考，但也指出了一般太極拳愛好者最有可能遇到的瓶頸，

以及如何突破的一些建議與功法，相信對於大部分的讀者都有其可以參考的部分。至於太極拳中還有許多基礎的養生、練氣、易筋功法，以及更多更深入的招式用法探討，或更高深的節、拿、抓、閉等手法，非本書討論的範圍，將另有專文介紹。合氣太極系列叢書將為有心深入探討太極拳藝術境界的讀者，提供更多的太極心法與手法，敬請期待。

不論讀者是初學者，或已經是稍有根基的太極拳愛好者，練習合氣太極的套路之時，一切都要自然；因為太極即為「道」，「道法自然」，所以合氣太極是以自然為師，內動重於外形，感覺重於招式。凡覺得動作不順、遲重、僵硬、凹凸、內氣中斷時，即表示自己的拳架有錯，即應回歸到最基本的功法中，放鬆身心，找回五弓無極的感覺；然後盡量放慢速度，縮小動作，並以「練時無人似有人，用時有人似無人」的神、意、氣練習方法，多多揣摩不順的動作或招式，慢慢的應可得心應手。

說　明：

要將太極拳摔、打、踢、拿的試手對練列入合氣太極的基本訓練中，是一個很大膽又很困難的挑戰。因為不試手對練，學生實在很難學到太極的真髓；而讓學生試手對練，又怕有所閃失。這種兩相矛盾的情境，可以說是歷來太極拳教學系統中最大的問題，也一直讓有心推廣太極高階心法的大師們萬般地無奈，此一關鍵因素不解決的話，則所投入的人力、物力都將徒勞而無功。

筆者在太極拳教拳的生涯中，發覺同樣也是擅長借力使力、以圓轉螺旋來化解對手攻勢的合氣道，似乎沒有「不能試手對練」的問題。它雖然不像太極拳有這麼深奧的陰陽、五行、八卦哲理與中華文化基礎，也沒有太極拳這麼綿延不斷的招式與套路，更不像太極拳有這麼多拳經、拳論等理論基礎及前輩高人的心得與經驗傳承。但他們只要投入一定的時間與努力，則人才濟濟、高手輩出，這種制度化的教學系統就是值得我們學習的地方。

所以合氣太極希望能以現代化、科學化並很安全的方式，來恢復古典太極拳的試手對練。並把李道子、王宗岳等大師的練拳心得，彙整而成「合氣太極練功心法」，獻給廣大的太極拳愛好者，希望有助於大家走入太極拳「階及神明」的藝術境界。

這是一個新的觀念與系統，希望有朝一日可以推廣給全台灣，甚至全世界廣大的太極拳愛好者。雖然這還有許多艱苦且漫長的路要走，但千里之途始於足下，我們已經

把理想與目標的藍圖規劃好了，也把訓練的課程與中間的
里程碑擬定出來，我們已經踏出了最艱困的第一步，再來
就是要投入更多的時間與心力，栽培出一群年輕的高手，
一起推廣這樣的理念與系統。並期望有更多願意為中華
文化傳承而付出的人們，願意一起來完成這一個偉大的夢
想。

　　出版合氣太極系列叢書就是本協會向全世界推廣的第
一步，將此諸多的秘訣公諸於世，希望有緣者能珍視，使
這中華文化、武術後繼有人，並能發揚光大。讓這強調武
德，有防身、強身、健身效果又有文化傳承的活動能走出
台灣，在世界各地發光發亮。並希望有更多的青年才俊走
入太極身、心、靈藝術的領域。這樣也才不會將這中華文
化的瑰寶，慢慢的遺失在歷史的洪流中。當然更希望藉由
這本書的印行，能拋磚引玉，引發有心保存此一中華文化
瑰寶的同好、政府、企業、社團，一起為保存太極拳的完
整性而努力。

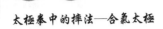

感　謝：

　　本書獲得本協會總教練田豐教官的指導與協助，讓本書的內容更加的完善與豐富。除了在他身上展現了讓人驚心動魄，凌空飛出的太極功夫外，也應證了古人所說第六層「無形無相，全體透空」的功夫確實存在。沒有他的指導，合氣太極六層功夫的練功心法變得只是空談，而無法獲得應證。

　　並感謝本協會張晏豪教練在本書的演武中的極力演出，讓本書的內容更加豐富，解決了不少用文字沒辦法說明清楚的困擾。也感謝巫炫毅伉儷提供的合氣道演武照片，及護身倒法的圖文介紹，讓本書的內容更加的清楚與豐富，以及曉鳳幫我校稿，改善了本書的可讀性。並感謝在我學拳生涯中，對我毫不藏私，諄諄教誨的陳木泉師兄，美玲、前琅、燕娥師姐，及其他在臺北市二二八公園裡的武術同好們。

　　並特別要感謝華英與我的兩個寶貝女兒，因為我在工作與學武過程中，疏忽了許多家庭的照顧及錯失了與女兒成長的樂趣。雖然她們到目前還是不參與我的太極拳之路，但沒有她們的容忍，我應該沒有這個心力將合氣太極推廣給所有的太極拳愛好者。

身在斗室，意衝雲霄

巫炫毅　序

　　自大學開始接觸武術，已練習十多年，柔道、摔跤、合氣道、拳擊與散打樣樣都有接觸，也累積了不少對摔與對打 (或被打) 的經驗。雖經歷過受傷、工作壓力等因素，但始終不減我對武術的熱愛。因此也對於尋訪武林高手，結交武術同好有高度的興趣。

　　2008 年冬天，經過臺北市二二八公園，看到一個中年人與一個年輕人在玩擒拿。年輕人高大精壯，動作敏捷，在互動過程中也毫不退讓，但那中年人隨手拈來，無不順心如意，無論年輕人怎麼頑皮搗蛋，卻始終無法逃脫此人的掌握。

　　這與我過去遇到的擒拿高手，完全不同。好奇心驅使之下，我自告奮勇上前試試，看是否有做假配合。一試，卻是讓我驚心動魄。不論我如何硬拿巧騙，用力閃躲，積極對抗，根本無法逃脫此人的手掌心。我不是已經練了十多年的武術了嗎？也不算是個初學者了吧？怎麼會瞬間就被瓦解與逮捕？

　　我才發現，擒拿與摔打，竟可如此地巧妙與輕鬆。那個中年人，就是警專的田豐教官，警政署綜合逮逮捕術的創始教官。自此以後，常常繞道二二八公園，駐足請教，也因此認識了林明道老師。

　　林明道老師是常常與田教官一起切磋的太極拳高手。

第一次碰面，以為不過是一般公園練養生太極的一般退休人士。但一搭手，又是一個震撼教育。林老師勁道渾厚，常常似有若無的牽引，對於我的攻勢不加不減的貼著，讓我似乎有抓到東西，卻又撲了個空，並在剎那間，一股渾厚的內勁席捲而至，讓我凌空而彈跳數米之遠，或逼得護身翻滾而逃。

但林老師最特別的還不只是手上的功夫，還有他深入淺出的教學功力。

在過去，我也不是沒有遇過太極拳或其他的內家高手，但在與他們切磋請教的過程中，常常存在著嚴重的溝通問題。某些前輩們的功夫也真的沒話說，但講起練功心法，不是把拳經拳論再複誦一遍，就是用一個「鬆」字來解釋一切。毫無中間的過程，也無法用現代科學、醫學、運動生理學來解釋這個古老的武術哲理。其所使用的語言，教學的方式，讓我很難吸收，也就一直無法投入太極拳的學習之路。

但林老師非常不一樣。他常常透過簡單的生活現象，以及科學化的道理，來解釋這古老的太極理論。每招每式，林老師都會詳細地說明招式設計的概念與注意的重點，並不厭其煩地示範與舉例，甚至親自餵勁。讓我很快就知道，原來拳經上說的那些道理，與牛頓三大運動定律、流體力學、運動生理學等都是息息相關的。他教我學會欣賞周圍各個高手發勁的竅門，也讓我知道太極拳的不用力卻很有威力的原理與與鍛鍊的方法。短短兩年，我雖然不是每次都能完美展現太極韻味，但偶有佳作時，還是

可以讓一些朋友驚彈而出，或直撲於地。並讓我原來的功夫，也跟著逐步提升，真是一舉數得。

以往學拳過程中，除練拳辛苦、受傷等外，最受折磨的是對於拳理的不明白，人已經站在寶山門外，卻沒有鑰匙可入。這樣子空轉而無門可入，浪費的光陰，心裡的徬徨是最令人煎熬的。

林老師不願意讓我們這些後進學子，再次摸索，虛度了無數的光陰。也因此將這些神秘、艱澀的拳理，轉換成現代的科學語言，讓後輩們能更快的了解這些言簡意賅的文字，並進而進入探索這中華文化瑰寶的神秘領域，享受這讓人目不暇給的太極力與美。

今天很高興，林老師願意將他一生所學之重要發現，仔細紀錄，讓更多習武同好更容易掌握太極拳的入門方法與精華。也因林老師的邀請，要我將如何避免摔傷，如何保護自己的一些被摔心得寫下來。希望對一些武術的愛好者有所幫助，也對林老師無私的教導，有一個小小的回報。

林文彬　序

科技公司 經理

素來喜歡打高爾夫球，因為可以藉著這個適度的運動讓自己放鬆心情、抒解工作壓力、維持體態，並能跟來訪的重要客戶有較長時間且良好的互動。可是多年來成績一直上下起伏不定，每次比賽，常有脫序演出，成為當日午餐的東家。

有位桿數一直很穩定的朋友無意中透露：他的高爾夫球之所以進步，是跟了一位太極拳老師學習之後才有大幅度的提升。從此對這古老的中式運動有了一番的憧憬，並央求朋友介紹這位很奇特的太極拳老師。

林老師一見面就說：「我不是老師，自然才是老師，你自己才是老師，真正認清自己以後就可以依著自然、跟著感覺走，我只是陪你去找那種感覺而已。」很有禪味，似懂非懂。但朋友說高爾夫球要有重大突破，要從「心」練起。於是靜下心來，接受林老師的教導。老師細心地指導我一些對身心無極與陰陽開合的觀念，讓我對自己有了一個重新的認識。慢慢地我看到了自己成績起伏不定的原因，原來是我心性不夠沈靜，無法內觀自己，以致於無法感覺自己內在能量的流動，也對於「勁路」的掌握模糊不

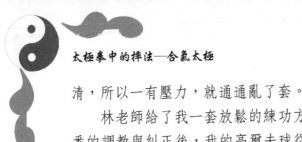

清，所以一有壓力，就通通亂了套。

　　林老師給了我一套放鬆的練功方法，並經過林老師一番的調教與糾正後，我的高爾夫球從原來的起起伏伏，變成一直維持在最佳狀態，不再常常當付錢的東家了。以中國古老的陰陽哲理及中醫的經絡理論，竟發展出可以指導現代高爾夫球運動的原理，太極拳真的是非常神奇，可稱是運動的藝術。

　　跟林老師學習太極拳，除了讓我的高爾夫球進步很多之外，老師還讓我體驗了中國功夫的神奇之處。以前我所認知的太極拳，都是老弱婦孺在公園裡摸蝦般地晃來晃去。可是這些看似無奇，緩慢的摸蝦運動，經過林老師的轉換，卻變成威力無窮的殺招。我偶而上陣與老師對練，分筋錯骨，直指要害，幾乎可以說是招招致命。老師出手的角度、速度、時機與勁道的傳導，只能用匪夷所思來形容。可是林老師卻謙虛地說，這些是前輩高人留下來的智慧結晶，他還沒有辦法表達其精華的十分之一。

　　現在林老師要將他多年研究太極拳的心得公諸於世。囑我將學拳心得與大家分享，我是林老師最不認真的學生之一，真是受寵若驚。但我從太極拳的學習中獲益甚多，怎能違背師命？於是恭敬不如從命，提筆陳述個人的進步與所見所聞。

張晏豪——合氣太極四段

由合氣道走入太極拳，又從太極找到合氣

五年前我初次遇到太極拳時，我在剎那間就被瓦解了。我連發生了什麼事情都還沒弄清楚時，一切都已經結束了！我太驚訝了，這是怎麼一回事？

我小時候的偶像，是李小龍為了濟弱扶貧，而與惡勢力奮戰的身影。剛進入高中時，學校有合氣道社團招生，吸引了熱血少年的我。從此就開始了我的合氣道學習之路，而這一投入就是十幾年。

合氣道的道祖植芝盛平先生，能以合氣在接觸的一瞬間就將對手給瓦解了！於是植芝盛平先生成為我的新偶像。但當我拿到合氣道的黑帶之後，逐漸出現瓶頸，雖然自己的動作越來越敏捷與流暢，但始終沒有感受到合氣。接觸了更多的合氣道前輩之後，卻更加的迷惘。沒有人能或願意告訴我如何練到合氣，坊間合氣道的書籍也沒有足夠的資訊與理論教人練到合氣。甚至連我自己的境界在哪裡、還缺了什麼都搞不清楚，更別說要找到合氣！

退伍後，這種感覺更加強烈。甚至由懷疑轉為否定，雖然我找過其他武術老師，卻也沒有看到我要的東西；或者說那種境界不是一般人所能及的。正開始思索要放棄合

氣道,甚至放棄武術時。一個合氣道的學長很激動的跑來跟我說:「晏豪!你的理想是真的!我知道有一個人能做得到。」

第一次遇見田豐教官時,我就被徹底地瓦解了。沒有對抗,也沒有碰撞,好像好像一切都是自然發生的,就覺得腦筋有一段時間是空白的,回過神來,自己已經被制住了。換了幾種手法與攻勢,不是瞬間頹萎倒地,就是莫名其妙地驚彈而出。

天呀!怎麼會是這樣!我學了十幾年的合氣道,並與許多武術同好試過手,都未曾有如此體驗。我真是嚇傻了!這就是我夢裡尋他千百回的武術境界!

我急忙請教,田教官解釋說:「這就是太極拳沾、黏、連、隨,捨己從人的功夫。在接觸的剎那間我已經合進你的勢裡,引導你,並在你不得勢的時候,把你自己的力道還給你。你一直在對抗的是你自己,你根本沒有辦法戰勝一個不聽話的自己。這也就是你們合氣道所說的合氣。」

這是我第一次體會到合氣的威力,但我是在太極拳高手身上體驗到的「合氣」。我終於知道我缺了什麼,而且哪裡可以找得到答案!自此之後,我每逢週六、日早上一有空就到臺北市二二八公園找田教官報到。我對武術重新燃起了心中的熱火!

在田教官的帶領下,我獲得更多學習的機會,並參與了一些國家級武術團體的師資培訓,也因此認識了許多柔道國手,散打國手,還有太極拳的高手。除了增廣見聞,

更見識了田教官太極功夫的深度與廣度，也更確認這才是我終身所要的追求的目標。

在一次師資培訓過程中，一位田教官的太極拳朋友—林明道老師知道我有十幾年合氣道的學習經歷之後，笑著說要試試我的功力。當我做了合氣道的反手摔，感覺已經得手時，林老師卻像靈蛇一般，滑到了我的身後，一股強大的勁道落在我的肩上，我反而被丟在地墊上。再試一次，卻被一股強大的勁道彈飛了出去。林老師表現的太極功夫與田教官不太一樣，是那種功力渾厚、出手凌厲、見縫插針、招式清晰的高手。試完了，林老師笑著跟我說：「阿豪，你的功體不夠，腳法輕浮，沒有根。一攻就破，一靠就飛。要多練基本功法。」

奇妙的是，田教官在不久之前也才跟我說：「阿豪！你的感覺很敏銳、反應很快、護身也很確實。但是你的功體不好，遇上高手只能避戰，但久守不攻必失，這樣是無法應戰！」兩位高手看法一致！

但我還是抱著懷疑的心態請教：「功體不夠？那是要蹲著練站樁嗎？」林老師回答：「那是在練肌肉力，練錯了會越練越僵硬。太極是以自然為師，太極樁功是以練感覺為要，在沒有找到勁路之前，絕對不可以下蹲。」

這就對了！因為我之前也曾經跟幾位太極名師學習太極拳，但那幾位老師不是一味的要我蹲低，就是不斷地挑剔我手腳的高低與角度，搞得我渾身不對勁，膝蓋也很不舒服，一點都不自然，又跟田教官的身形也完全不一樣；使得我越練越慌，怕又是個十年的空轉，最後只好終止，

但林老師的理念卻與他們大不相同。

　　田教官看我跟林老師聊得很愉快，就要我跟林老師學太極拳。這樣也對，田教官是個天才型的武林高手，跟我的境界也高太多。我實在不好意思要他花太多時間來指導我的基本功，而林老師在社大及救國團有開課，應該比較適合指導我的太極功法與套路。

　　林老師教太極拳最大的特色就是理論與套路一起講解。每招每式，必說明技擊目的，所發勁道，然後才談動作與方位。動作要求輕鬆自然，先找感覺，再求動作。善用各種譬喻，詳加解釋，並親自餵勁，讓學生體驗太極十三勢如何不用力卻很有威力。等到需要深入時，又能引經據典，易經八卦，陰陽五行無不精通。卻又能以物理力學、中醫理論以及現代的運動生理學穿插解說、並行不悖。經過他的教導，讓我更認識了太極拳的博大精深。也更讓我深深佩服，在幾千年前，中國人已經把這些哲學、科學、醫學、武學的理論一次搞定。

　　在林老師的教導下，當我體會到鬆沈的訣竅之後，對於勁路的感覺越來越清楚。對於對手的勁道，聽勁更加輕靈，發勁更加乾脆，有時候身心靈皆能虛靜時，還可以把一些年輕的同好輕鬆地震出數步，雖還沒有田教官、林老師的功力深厚，但也讓自己內心雀躍不已。原來勁道真的是一鬆就有，不思即得，源源不斷。從此學習田教官的東西也就更加得心應手。我才明白以前老師父們常說的：「練拳不練功，到老一場空。」真正含意，原來我以前在學合氣道時，都只不過在練拳，並沒有好好的花時間、費

心思在練功，因為我根本不知道何謂是功？在兩位老師的指導之下，這最後兩年的進步，實在遠勝於前面十幾年的苦練。

而且田教官與林老師還一直在吸收新知識，有時候合氣道的學弟妹來找我練習合氣道時，他們兩位會站在旁邊觀看。有時還會下場試手對練，體會一下合氣道的優缺點。田教官會對我們的身法、步法、手法有諸多建議，林老師則時常會指出合氣道的某一動作招式，隱含在太極拳的某一招之中，並當場展露太極拳與合氣道之間的同異之處。令我跟學弟妹們如獲至寶，合氣道的功力也增進不少，大家都覺得獲益良多。

更令人佩服的是，兩人並不故步自封。在試手及討論的過程中，兩人時常讚嘆植芝盛平先生的武藝高超、理念正確及構思巧妙。在論及合氣道訓練的方式有許多合理化，科學化，制度化容易推廣的優點時，更是推崇有加。並感嘆太極拳的學習系統有很大的漏洞，常此下去，會更加偏離太極拳應有的原始風貌，而一代不如一代。

如今兩人以行動來落實自己的理想。要以太極拳精闢的理論、功法與完美的招式用法為基礎，融合合氣道護身倒法、圓融對練的優點。以科學的、安全的、有系統地來推廣全面性的太極拳，讓太極拳的愛好者，能在不傷人且安全的環境中試手對練，以期快速通過太極拳最容易卡住一招熟懂勁的困苦期。以保留太極拳養生、健身、防身的完整原始風貌，並積極推廣給我輩年輕武學愛好者。

目前這個構思，已經逐漸完善成形，並成立『合氣太

極』社團,以方便傳道授業解惑。目前合氣太極已經吸引
許多警大、警專以及大學社團的年輕人加入。並帶給尚在
找尋如何復興太極拳文化的有志之士,一個新的思索方
向。

　　本人有幸,能得兩位老師的親自教誨,一探我中華武
術之精粹。又何其榮幸,能參與合氣太極養生協會的創
立,為太極拳的改革,中華文化的傳承盡一份心力。但太
極拳博大精深,個人資質駑鈍,又工作繁忙,無法朝夕聆
聽教誨。就怕沒有辦法完全體會兩位老師所傳授的武術精
華,有負兩位老師之厚望。

　　但太極功夫出神入化的境界是我要的,又能為中華文
化、武術的傳承,再辛苦也是值得。且有朝一日,若將台
灣在此方面的成就,宣揚至全世界,能為全人類創造一個
和諧、快樂、健康的太極新樂土。這樣的志業,是兩位老
師的期望,也將是我一生奮鬥的目標。

目　錄

附錄：拳　經

第一章　基本概念

合氣太極的特色

太極拳的優點

　　太極拳是我中華文化的一朵奇葩，是人類文明之寶，其內容博大精深，蘊含了中華文化、身心靈藝術、人生哲理、養生練氣、中醫理論與精妙武術，是許多先聖先賢智慧的結晶。長期地靜心修練有助於修心養性、抒解壓力、啟迪身體內部精、氣、神的能量、讓人健康……等諸多好

處，又可傳承文化、增進國際交流，是人類、社會一股祥和與安定的力量。

太極拳的危機

但自古以來太極拳一直有十年不出門的說法，可見其學習與傳承之困難，又因近三百年來熱兵器的盛行，太極拳已經逐漸喪失了保家衛國的重大使命，以致於太極拳的許多門派把太極拳中比較困難且危險的摔、打、踢、拿試手對練去掉。目前大部分的太極拳名家都已經偏離武術範疇的研究，而改發展以養生為主的太極拳練法；最近更有以飄逸舞蹈為主的新武術太極，美則美矣，但與傳統太極還是有極大的距離，日久人們將會逐漸把太極拳的原始面貌給遺忘了。

所以現今全世界練太極拳的人數以千萬計，但能練到「四兩撥千斤」之高階成就者卻如鳳毛麟角。因此今人常以太極拳只能養生來下定論，以致於現代大部分的太極拳愛好者也理所當然地接受這樣的緊箍咒，不再嘗試追求太極拳在養生與舞蹈之外的其他功效。

殊不知太極拳的所有功效是一體的，練對了，養生、健身、防身、藝術、修心養性……可以同時達成，練錯了，則功效甚微，甚至什麼都沒有。因為太極拳可以說是套裝大拍賣，你不能拆開來買，所以你對了全對、一錯全錯，很難一半錯了一半對，也就是說一個對的太極拳應該是要養生、健身、防身……同時達成的，換句話說能養生而卻不能防身的太極拳應該是不存在的。所以有些太極拳

的初學者會以「我只要養生」的心態去找養生太極，最後卻常常只學到比做國民健康操還要沒有養生效果的太極操，倒不如去練易學、得氣快，更有調理內臟、養生治病效果的養生八段錦來得有益（當然也要練對來）。投入了滿懷熱誠與寶貴的時間，卻落得不如預期的結果，實在令人惋惜，如果他們一開始就以「我要防身」的前提來找太極拳，則最後達成養生目的的結果是可以預期的。

　　而且在文獻記載中，所有前輩高人的練拳生涯中都有與老師試手，驚心動魄、凌空飛出的經驗（見楊家小傳—陳炎林著，陳氏太極拳械匯宗—陳正雷著，楊氏太極拳術述真—魏樹人著），可見古典太極拳完整的練法是有含摔、打、踢、拿的試手對練，但是在現代世界各地的太極拳練習場中，已經很難看到類似的畫面了。

　　大部分現代的太極拳練習場中，不是練練套路，就是擠來擠去的推手，所以大部分的太極拳愛好者終其一生都沒有機會看到如記載中所言太極拳摔、打、踢、拿的試手對練，當然也無從體會太極拳令人膽戰心寒的武術境界，也就不會有這方面的學習目標；但長此以後，太極拳在武術應用的藝術內涵將會漸漸的失傳，對此一中華文化的瑰寶將是一大損失。

　　但如果真的把太極拳裡實際的殺招拿來與同好試手對練，似乎又不太實際，因為在學習過程中如果有人動作太過激烈，或稍有閃失而造成傷殘，這種後果與社會成本實非任何人所能負擔的重責，所以用古人習武的方式來推廣太極拳，恐怕也無法符合現代社會的期望。但只以一般的

套路、推手或散手來練習，則又很難快速達成「招熟懂勁」的真正目標，長期以來，這兩相矛盾的問題一直在太極拳的教學與推廣上產生極大的困擾。古典太極拳傳統的傳承體系在現今社會的衝擊下已經瓦解了，而現代太極拳的傳承體系還尚未建立完整，少數能保留太極拳原汁原味的傳人又已逐漸凋零殆盡，所以搶救太極拳、搶救國粹的行動已經到了刻不容緩的關鍵時刻。

合氣道的特色

反觀也是擅長借力使力，以圓轉螺旋來化解對手攻勢的合氣道，它在推廣上似乎沒有不能試手對練的問題。最主要原因有：

1. 它有一個完整且嚴謹的教育系統，學員得接受嚴格的心靈、個性教育與禮儀規範。

2. 在道場上一切以「合氣」為最高心法，兩人之間沒有輸贏，不以競爭或傷害對手為目標。

3. 在合格的場地上兩人精準的對練，如花式溜冰一樣，不僅動作上要合為一體，甚至連「意、氣」都要合為一體。如此才能將能量和諧地流洩出來，展現武術的藝術之美。

4. 學員皆有接受嚴格的護身倒法訓練，這樣才可以在安全、不傷害對手的情形下，練好招式，並展現其武術的力與美。

但相對於太極拳，合氣道需要有昂貴的道場與合適的對手才能練習，不像太極拳有一套連綿不斷的套路可供獨

練，在客廳可以練、等車可以練，站著可以練、坐著可以練、走路可以練、睡覺也可以練，甚至洗碗、擦地板、釣魚、打球都可以練……幾乎完全融入生活中。更不像太極拳在坊間就可以找到許多前輩高人所留下的寶貴著作、秘笈，還有豐富的太極理論以及中華文化幾千年的薰陶累積，這是其美中不足的地方。

台灣創新的「MIT 合氣太極」

「合氣太極」就是以傳統太極拳精闢的招式、理論及養生功法為基礎，輔以現代科學化的語言來闡述其中的奧秘，再加上精準的圓柔對招及護身倒法教學為方法，截長

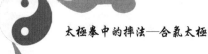

補短，將太極拳的學習方式作一改良。讓太極拳也擁有安全的護身、精準的對練，作方（Tori）學員可以透過演武方式練習招式中的防身技法，受方（Uke）學員除了幫助Tori學員練習招式應用之外，還可以練習各種護身方法及招式的破解技巧。目前合氣太極除了這幾個重大的改良之外，還再加上擒拿、逮捕術等練習，同時恢復了太極拳中的節、拿、抓、閉的高階應用，讓學員遇到真實狀況時可以防身，也讓學員藉由攻防練習而獲得足夠的運動量，又注重學員品德與心靈的培養，是一個養生、健身、防身全方位的太極拳學習系統。

因合氣太極可以在安全的情況下，還原太極拳中摔、打、踢、拿的試手對練，是一個全新的太極拳學習方式，讓太極拳的教學減少了許多的顧忌。這樣才能更接近古典太極拳的原始風貌，又能符合現代人安全、養生、運動為

主的需求。也才能讓太極拳的愛好者能更快地通過「招熟懂勁」的關卡，進而體會到太極拳的「捨己從人、用意不用力」的美妙境界。

　　合氣太極並結合了唐‧李道子的《授密歌》、清‧王宗岳《太極拳經》裡的練功經驗法則為練功心法，並以此心法編排了太極拳的課程進度，把練太極拳的終極目標、正確的方法、順序還有中間的里程碑都定義得一清二楚。如果讀者是一個剛開始學拳的愛好者，這練功心法是一個很好的課程表，只要照表操課，就不會多走冤枉路。或有些讀者已經學拳幾十年了，遇到了瓶頸，困惑著不知道自己為何上不去，也可以拿此心法來對照自己的境界。缺什麼補什麼，則日後的進步將是無可限量的。

合氣太極　習武規範

凡學習合氣太極演武之人，必須遵守以下規範，以確保往後的學習是愉快且安全的。

一、敬

1. 尊師重道。此乃藝術之研究，非逞兇鬥狠。而道館及練習場地是一個傳道授業解惑，習武論道的神聖場所，也是學習如何修身養性及保護自己，激烈的運動場所。進入道館前即要先備妥虔敬的心，絕對不可嬉戲胡鬧，要嚴守道館禮儀及規範。

2. 老師與教練除了將畢生心血，傾囊相授之外。又需維護學員安全與道統，更應嚴格執行規定，自重而獲得尊重。

二、靜

靜心揣摩。絕對的靜，才能悟。太極拳博大精深，絕非本書所能盡述；本書所陳述的招式用法，尚不及其應有威力的百分之一。本書所述的，雖僅止於有招有式的演武對練；但也論及了許多太極拳防身應用的技法，這是給學員一個進入階及神明的階梯。

有志之士應該透過這個階段的學習，來體悟太極拳更高層次的境界。所以學員進入道館或演武場地，要完全聽從教練的指導，靜心揣摩，忘掉蠻力，更不應隨意自創招

式。以免發生危險。

三、淨

1. 清潔衛生。合氣太極的演武、練習，常有擒、拿、摔、打等模擬練習，而指甲、手錶、飾品等都很容易造成對手或自己掛彩。進入道場之前，應該修剪指甲，取下手錶、飾品等硬物。

2. 並注意個人的服裝儀容及衛生習慣，避免體味／汗臭太重。更應該注重道場整潔。離開前，應該整理乾淨，留給下一梯次練習的同好一個美好的學習環境。

3. 心淨。要懷有赤子之心，不能有挾怨報復，或趁機吃豆腐。

四、愛

1. 心存感恩。演武過程，雙方是以合作的方式，學習招式與用勁的技巧。並完成武術與藝術的展現，而非互相競賽，互爭輸贏。

2. 在練習當中，Tori 固然練習到了招式應用的技法，Uke 同時也在學習護身及化解的技巧。所以雙方要互相感恩，感謝對方提供的教導、保護及練習的機會。

3. 尤其初學對練，稍想爭勝必犯拙力。一犯拙力，必生頂抗，一來動作必不流暢，二來與太極鬆柔走化的高階境界背道而馳。三來與養生、練氣絕緣。四來因有爭勝之心，則很有可能做過了頭，造成對手的疼痛或傷殘。

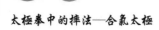

五、安

1. 安全第一。心態上，練習或演武時不以獲得效果為先，而是優先考慮對手安全。在不夠寬闊與平坦、沒有保護墊、安全護具，或與沒有足夠護身訓練的對手，絕不可演武或對練，也不可在沒有教練的督導下練習發勁等容易傷人的功法。

2. 若有身心不舒服，或慢性疾病者，應該主動向教練及對手告知，以避免傷害發生。必須等身心狀況改善之後，再接受適當的訓練。

六、定

1. 不可以武犯禁。學合氣太極之人，絕不可仗技而作奸犯科，魚肉百姓；否則天人共憤，逐出本門。

2. 要有定力。不可狂妄。雖然習有一些招式用法、防身技巧，但如本書「合氣太極練功心法」所談，太極拳在學完招熟懂勁之後，才算是開始入門而已；離太極拳的最高境界還有許多進步空間。而且人外有人，天外有天。

3. 不與他人作對抗性比賽。不論是傷人或傷己，皆會後悔莫及。更不可狂妄自大，找人挑釁。否則非我族類，不足以談武論道。

合氣太極練功心法

　　許多太極拳的愛好者花了大量的時間練習太極拳，因為練錯了方法，一輩子都沒有真正走入太極拳寶庫，當然也就沒有機會拿到寶藏。雖然有些人練習太極拳只是將它當成社交活動、打發時間的休閒運動之一，他們沒有目標，有運動就好，所以他們也不太在乎是不是練對了，是不是有進入太極拳寶庫的大門。但對有心追求太極拳藝術精華的人，這樣是不公平的，因為如果練錯了太極拳，花了一輩子的時間與心血，甚至巨額的金錢，其運動健康的效果還不如散步、八段錦或國民健康操，甚至有些人練到筋骨受傷，練到膝蓋磨損而終身與疼痛為伍。

　　「拳打萬遍，其理自現」，這是許多太極拳愛好者深信不疑的話，也是目前學習太極拳的主流方法。所以當人們覺得自己練得不好，或無法更上一層樓，往往認為是自己苦工下得不夠，練習的次數不足，於是天天模擬老師的身形、角度與速度，苦練猛練，卻始終很難獲得重大的進展。其實太極拳是一門智慧型的拳術，不是光靠苦練猛練、熟能生巧就會突飛猛進。而是要觀念、理論先通了，然後再想辦法去體悟那種感覺與意境，悟到了，自然會突飛猛進，沒悟到，何止萬遍，可能一輩子也都還在追求形體上的拳架，無緣一探太極秘境裡的真、善、美。所以這句話要反過來講：「明白拳理、懂得方法，才值得拳打萬遍。」

　　但是要明白拳理，談何容易？因為太極拳可以說是全世界最不嚴謹的武術教學系統，不論功力、不論對錯，只要想教，就可以開班授課。一人一把號，各吹各的調；於是有免費教學的、也有一入門要先交數萬元的學習系統，太極武術紊亂至此，讓許多有心學習的愛好者不知要如何選擇。這種紊亂也造成數以千萬計的太極拳的愛好者，打了幾十年的太極拳，還停留在練套路、比頂牛的境界，他們從來不知道太極拳還有許多高階的課程。有些人花了幾十年，甚至一輩子可能都還沒走入太極拳殿堂的大門，浪費了人生許多精華的時間。這種狀況，讓一些有志之士深感憂慮，唯恐長此下去，這個集養生、健身、防身與藝術、文化於一體的太極拳會逐漸沒落下去。

　　太極拳本身既然很完美，但為何歷代的太極拳宗師們卻沒有留下一個容易發揚光大且平易近人的教學系統？

　　因為在冷兵器時代，一個高超的拳術，大可以保家衛國、生死立判，小可以受人尊崇、榮華富貴；中國人素來又有「法不傳六耳」的保守心態，所以長期的人格觀察、嚴謹的門派幫規、冷酷的剷除異己，以及父權式的教學系統，是古代各家各派要維持法統與興旺的常用手段，這種方式在當時是必要而且很有效率的。古代的太極拳既然是一門高超的拳術，當然也是關起門來，密傳式的教學，所以一般外人是很難一窺其堂奧。

　　但由於近三百年來熱兵器的盛行，太極拳喪失了保家衛國、殺敵立功的神聖使命，轉而以市場導向，偏向以養生運動為主。又近十年來網路資訊的氾濫，個人主義抬

頭，傳統尊師重道的觀念逐漸退去；再加上師資良莠不齊，武術商業化，傳統的社會價值與教學系統崩潰，現代的社會價值與教學系統又尚未發展完善，太極拳就是處於這種紊亂的尷尬時期。使得少數僅存的太極大師有志難伸或心灰意冷，有人捲甲歸田，有人遠走他國尋找太極拳的第二春，這讓國內許多現代的太極拳愛好者無緣一睹大師風範，更喪失了學習太極真功夫的良好機緣，也很難知道自己是否走在正確的學習道路上？

其實歷代的太極拳宗師們對太極拳應該如何學習還是有很多論述，只是都散落於各個經典著作之中。合氣太極為了解決上述的問題而將各個大師心法一一整理而出，並依照此心法發展出符合於現代社會需求的教學系統，以供合氣太極的同好們有一個好的進階依循與練功方向。

合氣太極的練功心法，主要是結合清・王宗岳、唐・李道子兩位太極拳宗師的練功心法（原文與註釋請參閱附錄 p343，p357），再參照其他太極拳經典論述整理而成，以供合氣太極所有的學員們，瞭解自己在太極拳的學習過程中，各個階段應該達成的境界，以及應該掌握的方向與重點。

口訣

一、身心無極，五弓混元

二、招熟懂勁，陰陽開合

三、翻江播海，盡性立命

四、虎吼猿鳴，水清河靜

五、應物自然，西山懸磬

六、無形無象，全體透空

　　這 48 個字是各家太極拳的核心功法，而且是逐步提升功力與困難度，每一層次都將影響後面層次學習的順暢與威力。千萬不可越級而練，否則犯了沒有按部就班之病，徒增自己與老師的困擾。

一、身心無極，五弓混元（認識自我，身心放鬆）

身心無極：身心自然與放鬆，卻充滿了能量

　　身心能夠隨時保持放鬆與自然（無極的狀態），是太極拳的愛好者第一個要練習的重點。太極拳的前輩王宗岳宗師，開宗明義地對太極拳的本質做了一個定義：「太極者，無極而生，動靜之機，陰陽之母也。」這句話很明確地指出——太極生於無極，沒有無極，就不會有太極。這段很重要的記載，卻被當今許許多多的太極拳愛好者所忽略，他們因為沒有正確地瞭解這一段話，在往後練拳時，很容易走偏，於是許多人練了數十年還是進不了太極拳的宮殿之門，無緣一窺太極之美，殊屬可惜。

　　這麼重要的「無極」又是什麼？古人對無極的定義是：「天地未開，混沌未明，陰陽無形，動靜無始，元氣混而為一。」並以一個空圈來表示；從這定義裡，可以看

到無極的本質是「無」，是「虛靜」。虛才有空間，所以能無所不容；靜才能觀察，所以能無所不應。故學習太極拳如能以虛靜為本，則動靜分合變化無不如意。也只有在空無虛靜中，才能收視返聽，內觀自己、重新認識自己。能內觀自己，也才能找到自己的勁路，進而看到各種能量的發生與流串，終而進入後面「懂勁」的階段。但這一個定義裡還點出一個很重要的觀念就是：在這空無虛靜當中卻還要能「元氣混而為一」，讓身心處在空無虛靜中卻充滿了元氣與能量，這種輕鬆自然的狀態，就是身心無極。

五弓混元：以氣貫通體內結構

瞭解了無極與太極的基本關係後，初學者要如何操作才能練就「無極」功體？無極又是怎麼應用在練拳的步驟上？

鬆沈是讓自己鍛鍊空無虛靜的重要方法，也是檢驗太極功力的手段，是太極拳的靈魂。練太極拳者每一階段都會有每一階段鬆沈的體會。但初學太極拳者最常誤解的觀念也就是「鬆沈」。

鬆沈是一種意念的鬆沈而非形體上的往下蹲。但我們時常看到有一些太極拳的愛好者拼命地往下蹲，以為那是鬆沈。甚至反過來說，蹲不夠低，就代表不鬆沈。卻往往只是把自己的身形壓住、壓垮，而非真正的鬆沈。這種壓住、壓垮的下蹲，完全是以肌肉力與關節來支撐身形、把自己頂住。一旦用肌肉力來支撐，則所有的注意力都會放在肌肉與關節的運作上，也一定會產生某種程度的僵硬，也就很難真正地把自己放鬆，或運用大自然賜予的沈墜勁

與鬆彈力。同時心也就靜不下來，無法體會無極狀態中那種空無虛靜，卻充滿能量的狀態。如此當然也就不容易找到勁路，練到老，還是以肌肉力打拳，還是沒有拿到進入太極寶庫之門的鑰匙。而且一不小心，就會傷害到膝蓋軟骨與韌帶組織，造成關節的疼痛與提早老化。所以合氣太極的學員在還沒有找到勁路之前，千萬不可以放低身形，否則反而讓自己的勁路斷線，不但沒有辦法練好太極拳，反而容易練出一身病痛來。

還有一種錯誤觀念：以為完全的無力就是鬆。其實有些人鬆過了頭而產生「懈」，被人一攻就入，一擊就垮，除了躺下來休息之外，幾乎不能做任何的事情。其實太極拳是一個追求剛柔相濟、虛實變化的拳藝，而鬆沈只是這個過程中的一種表現、一種方法。真正要追求的是如何透過操作有、無的狀態，進而產生虛、實的變化。至聖老子對「有、無」的概念是：「常無，欲以觀其妙。常有，欲以觀其徼。」在有無之間，還可以觀其妙？還有無限寬廣的後續發展？大儒朱熹對「有、無」也有所解釋：「方靜而陰，未嘗無也，以其未形而謂之無。及動而陽，非至此而後有也，以其可見而謂之有耳。」兩位先賢都認為這個「有、無」之間是連續的，是充滿了可變化的能量。這個「無」是還有無限可能的無，只是沒有形狀，是「元氣混而為一」的狀態而已。所以太極拳的鬆，是要以元氣貫通四肢百骸的鬆，也就是要五弓混元、充滿能量的鬆，而不是什麼都沒有的懈，更不是以肌肉力下蹲的「假鬆」。

「五弓混元」是要保持身心無極的一個重要且基本的

操作方法，但何謂五弓？

五弓就是兩手互相貫串為一張弓，兩腳互相貫串為一張弓，左腳與右手互相貫串為一張弓，右腳與左手互相貫串為一張弓，百會、尾閭與重心三點互相貫串為一張弓，就像一個「木」字。其中以中間這張身弓最為重要，因為其他四張弓都以身弓為弓把、為中心，身弓一斷，則其餘四張弓就很難維持。

明白五張弓的基本結構之後，還要學會以神、意、氣灌注於四肢百骸，以內氣貫串於五張弓。利用五弓的自然結構並充滿內氣來支撐身體的重量，避免使用肌肉力，讓自己的肌肉放鬆，就像汽車的輪胎一樣，是以其內在的氣體在支撐車子的大部分重量，而非輪胎膠皮的本身。也唯有這種「五弓混元」的鬆，才能達到後來的「沈」。

初學者可以選擇一個能讓自己身心舒暢、氣感佳、空氣清新之處，靜站無極椿（請參考本書第二章—無極椿功法）。勿助勿求，從每天靜站五～十分鐘起，慢慢增加，直到能心無雜念，感到週身內外一片空靈時，自然能掌握五弓混元，身心無極，並有全身氣機流動的感覺。打拳時要一直保持這種感覺讓其自然流轉，鬆柔沈穩，才能做到真正的上下相隨。

「身心無極，五弓混元」是合氣太極最核心的修練功法，也是各家太極身法要求的總結。掌握了這個核心功法，對於各家太極身法的精髓，就更能掌握其要領；則練功的體會，也就更加的輕鬆愉快。所以學員在演練合氣太極的套路前應先站無極椿，或把起式多演練幾遍，等到自

己進入這種「身心無極，五弓混元」的狀態後，再把這種感覺貫串於整個套路的演練中，這樣才能夠把功夫練到身上。

初學者應該在練拳或平日站立或行走之時，都要保持此練功心法的習慣。如果能長期這樣鍛鍊下來，骨架自然正直，是擺脫長年的不良姿勢與緊張習慣的最佳方法。而且身心自然放鬆，神氣清爽，充滿能量，則身體自然健康，病痛自然減少。

結　論：

無極是太極的本質，凡不瞭解無極者，就很難體會自己最自然的鬆沈，也就很難練好太極，許多太極拳的愛好者無法體會這個最基礎也是最重要的觀念，匆匆跳過這個階段，急著想學到套路或發勁，結果是事倍功半，甚至是終生無法進入太極拳的寶庫，殊屬可惜。

這是重新認識自己的階段，重點是在調整自己的身體結構及感覺，讓自己能掌握「身心無極，五弓混元」的感覺及狀態，而且日後打拳，任何招式與動作只要讓自己無法符合這種感覺，即可能有所錯誤，應該再深入檢討。在此境界的太極拳愛好者還無法應敵；在合氣太極練功心法中，屬於第一層，但也是最重要的基本功夫。

輔助練習：

除了練無極樁之外，合氣太極的學員可以加練混元樁、甩手功及逍遙步等養生功法，讓自己更加容易感覺無極的真諦。（請參考合氣太極系列叢書——合氣太極養生功法）。

參考資料：

《太極拳經》王宗岳─節錄

太極者，無極而生，動靜之機，陰陽之母也。動之則分，靜之則合。無過不及，隨屈就伸。雖變化萬端，而理惟一貫。

虛領頂勁，氣沉丹田，不偏不倚，忽隱忽現；一羽不能加，蠅蟲不能落，人不知我，我獨知人；英雄所向無敵，蓋皆由此而及也。

二、招熟懂勁，陰陽開合（掌控自我，操作身形）

招熟：熟練招式，精通用法

「由著熟而漸悟懂勁，由懂勁而階及神明，然非用力之久，不能豁然貫通焉。」這是王宗岳宗師對太極拳的學習方法提供了他寶貴的心得。其中很明白的指出，通往高手的必要條件，是由招熟→漸悟→懂勁，之後還要持續不斷地靜心揣摩，最後才有可能階及神明。

但現代的拳友學習太極拳，有些人專打套路，有些人專練推手，但兩者兼備者就很少。就算兩者兼練，但這種兩者獨立的練習方式，套路很難因推手的體悟而更加到位，推手也很難因套路的熟練而更能得機得勢。主要的原因是目前太極拳學習的領域裡，幾乎沒有教導招式的應用技法，大家也很少有機會將勁道與招式用法融合在一起練習。既然平日沒有「勁貫著中」的練習，當然大家也就很少有機會「由著熟而漸悟懂勁」，那當然就更沒有機會「由懂勁而階及神明」了。所以有些太極拳的愛好者以為

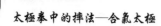

把套路打得滾瓜爛熟、優美流暢就是招熟了。其實那不是王宗岳宗師所要的招熟，王宗岳宗師所要求的招熟，是要去體悟招式中每一個勁道的變化，是知道技擊用法的招熟。

太極拳的前輩高人留下許多綿綿不斷、寓意深遠的招式套路，是為了要讓原本需要在寬闊道場中兩人對練的武術，可以在任何場地與時間，在沒有對手的情況下，一個人靜心揣摩，擺脫了人、事、時、地、物的諸多限制，武術的進步及養生的功效自然可以數倍於有需要道館操練的武術。但要有這樣的神效，其前提是「練時無人似有人，用時有人似無人」，也就是說平時自我靜心揣摩招式套路時，就要像與人對練一樣，要知道每一招的技擊用法，每一動作的勁道與變化，也只有這種練拳方法所獲得的招熟，才是完整的招熟。但拳友們也該注意一點，套路是輔助練習，而非完整的練法，所以太極拳的愛好者不可以光練套路而完全不上場練習，否則就是買櫝還珠，完全違背了歷代宗師們設計套路的美意了。

知道了技擊用法，拳架的動作有了依據，初學者就不會一直有手擺幾度、腳向哪裡的問題，也才不會一個老師錯了，從此以下，所有的門徒都練錯了的問題。而且瞭解細節，動作也更能到位，拳架有了靈魂，如此打拳，當然比悶著頭想方向、記角度練拳更有趣味。

懂勁：對太極十三勢的體悟（開始一探太極秘境）

「陰不離陽，陽不離陰，陰陽相濟，方為懂勁。」這是王宗岳宗師對懂勁的定義。但陰陽相濟是很高的境界，不是在起步階段的學員可以達到的目標。這裡「懂勁」所

說的「懂」，是動詞，是去弄懂、去體悟的意思。

　　在此階段的學員，應該是要去瞭解招式中，每次的陰陽開合是用了太極十三勢中的哪一個勢為主，更要去體會為何太極十三勢不用力卻很有威力。所以在此階段的學員應該先將太極十三勢練得滾瓜爛熟，然後將這些體悟加入每天的招式、套路演練中，並多與自己的老師或教練試手對練，藉此更深入地瞭解每招每式的用法與威力（詳細內容，請參閱本書第四章—太極十三勢）。有所體悟之後，進而找一兩個好友一起在演武練習中將其應用出來，以印證自己的體悟是否正確，並把它烙印在自己的肌肉記憶中。從此日日演練都是太極十三勢，每招每動都在揣摩太極十三勢。久久這樣的練習，必能瞭解招式中每一次虛實轉換的用意，招式套路的演練也才能招招到位，與人揉手時也將更能得機得勢，功夫日日長進。

　　本書的太極十三勢短套路、24 式套路、演武，都是幫助大家去體悟太極十三勢的最佳方法。如果對招式的用法正確，動作精準，且太極十三勢勁道合乎規範時，在演武的過程中是可以完全不用力、不產生碰撞，就能將 Uke（受方）圓融地摔出。如果需有用力、凹凸、停滯、無法完成招式，或受方無法圓融護身離開時，即表示其中一方或雙方還有些體悟不夠，還有改進空間。

　　Note：演武過程中最重要的是安全，因為古典太極有許多死、殘等手法，很容易造成演武練習雙方的傷害。所以合氣太極有做了部分修正，好讓學員在安全無虞的情況下，與夥伴兩人演練招式的應用。但學員應該嚴格遵照

本書的演武練習方法演練，並遵守「習武規範」的要求，以免發生難以挽回的傷害。

陰陽開合：太極雖有十三勢，但其核心來自於陰陽開合。

太極拳又名長拳，如長江之滔滔不絕、綿延不斷、變化萬千，但其變化的總根源是來自於太極十三勢。能把太極拳十三勢用得滾瓜爛熟，並可以在太極拳的套路與演武對練過程中具體展現，才是真正優質的懂勁。（詳細內容，請參考本書第四章：太極十三勢）而太極十三勢的總根源則來自於陰陽開合。「一開一合，拳術盡矣」這是陳氏太極拳大師——陳鑫對太極拳所下的重點結論之一。所以不懂陰陽開合，想要進入後面更高的境界是非常困難的。

陰陽開合有內外及許多層次的分別。因為「陰陽」既是兩面，又是一體，所以它是分開的，但又不能分開，這分又不分的矛盾與統合，是研究太極拳人士終身的功課。在練拳的生涯中，每個階段都會有每個階段的領悟，但基本上內開合以丹田內氣開合為主，外開合以胸腹折疊運轉開合為主。

丹田開的時候，陰陽相分，清升濁降；內氣由丹田發向四梢，自然螺旋纏絲。丹田合的時候，內氣由四梢收斂入骨，自然帶動四稍反向螺旋纏絲，陰陽相交，氣歸丹田，如此交替而自然鼓盪。

胸腹開的時候，胯與肩開，推動腰脊螺旋纏繞，自然推動四肢順逆纏絲旋轉。胸腹合的時候，胯與肩合，也是

帶動腰脊螺旋纏繞，自然引領四肢順逆纏絲旋轉。（詳細的練習方法可參考本書第二章—陰陽開合的內容。）

　　此時練拳，宜慢不宜快，並且要做到一開一合，莫非自然。打拳慢而有勁，中正安舒，自自然然、舒舒服服地，但每個動作中的太極十三勢、每個勁道的陰陽開合都要交代得清清楚楚，這樣打起套路來才有靈魂。如此練拳，才可以內外相合，上下相隨，以達到其根在腳、發於腿、主宰於腰、形於手指。至此境界，太極十三勢之威力數倍於常人，且通體舒暢，身心調和，又可以按摩五臟，並有強筋健骨的功效，太極養生之功效特別明顯。

　　注意事項：

　　此階段為了練習各種招式用法與用勁技巧，由於動作生疏，容易使用拙力，且不知太極拳的威力到底有多大，很容易失手誤傷拳友，所以學員一定要嚴格遵守教練場的禮儀與規範，養成保護對手的的習慣，絕對不可強做強為。學員最好能有兩三個練習的夥伴，在教練的督導下一起練習，熟知夥伴的之間用勁的習慣與耐受程度，並知道夥伴護身倒法的程度，可以避免學拳過程中一些不必要的傷害。尤其做 Uke 的人，要很清楚自己有沒有骨質疏鬆、關節、血壓、慢性疾病等問題，並告知您的同伴及教練，好採取適當的保護措施。身體極度虛弱者不可參與合氣太極演武，最好先加強飲食營養，並多練基本功以及套路，待身體變好之後再練此階段功夫。

　　結　論：

　　此階段必須在符合第一層心法「身心無極，五弓混

元」的要求下，熟練套路的演練，並深入瞭解套路中太極十三勢的蓄發。並要與同伴到道場裡正確地演武對練，熟悉與對手過招時，接手、開門、入身、破勢的技巧與奧義。不要奢望光憑想像就想把太極功夫練上身，否則誤人誤己，真正遇到狀況時還是用不上來。

這個階段還只是在學習掌控自我、操作自我的境界。因為大部分的注意力還在練習招式的應用，以及太極十三勢的展現。對敵時有招有式，還在追求身形的協調與技巧的操作，可能不很順暢；時常看到在此境界的太極拳愛好者沒有悟透，學會了太極拳的招式，卻用本力發勁，以致於走回一般拳術練法，而無法進入太極更高的殿堂。所以在合氣太極練功心法中，屬於第二層功夫。

輔助練習：

合氣太極在此階段的學習重點是套路與演武，因為要常常上場與老師或同伴試手對練，所以合氣太極的愛好者一定要學會本書中的各種護身技巧（請參閱本書第三章—護身倒法），並要在教練的監督下練習合氣太極演武，以防練習過程中任何一方發生失誤。

要快點通過此階段的讀者也可以加強單練本書太極十三勢短套路，這是將基本型的太極十三勢設計為單一動作，勢勢動作清楚且單純，讀者可以專注於每勢的的要領練習，而不需分心於其他變化。如能依照陰陽開合的規範，日日練習，靜心揣摩，最後融入日常生活裡，將有助於體會這階段及往後的太極功夫。然太極十三勢的變化萬千，實非本書所描述這麼簡單，學員熟練這個基本功法之

後還應該將之融入套路與演武練習中，常常與同伴練習，並請老師從旁指導與餵勁，才可能融會貫通，有助於進入後面更高層次的練功境界。

在此階段的合氣太極學員或可加上揉手，但禁止參與對抗性的推手。蓋因推手有令人習慣出力之弊，而把好不容易培養出來不出力的「勢」完全丟光了；甚至為了輸贏，暴力相向，完全違反太極拳捨己從人的原理原則。揉手則崇尚不用力而可讓人學習聽勁，熟練太極十三勢的運用與變化。至於演武時更不能用力，要先學習如何不傷害對手，然後再學習勁道的巧妙變化與應用，否則還沒練好此階段的功夫，已經把所有拳友得罪光了。

參考資料：

《太極拳經》王宗岳—節錄

動之則分，靜之則合。無過不及，隨屈就伸。人剛我柔謂之走，我順人背謂之粘。動急則急應，動緩則緩隨，雖變化萬端，而理惟一貫。

每見數年純功，不能運化者，率皆自為人制，雙重之病未悟耳；欲避此病，須知陰陽。粘即是走，走即是粘，陽不離陰，陰不離陽；陰陽相濟，方為懂勁。懂勁後，愈練愈精，默識揣摩，漸至從心所欲。

三、翻江播海，盡性立命（鍛鍊自我，練氣練勁）

翻江播海：勁由丹田而出，由經絡而傳遞

中醫的經絡學中，常有以穴道為湖泊、經絡為江河、丹田為氣海之譬喻。中國武術家則常有丹田內轉、勁走經

絡之練法。所以「翻江播海」是指一個人能丹田內轉，讓
自己的氣勁澎湃，並讓內氣在體內流竄，帶動四肢百骸，
引發爆發力，快速絕倫，勁道如海嘯之強大，如江水之
奔騰。但因為都是鬆沈而出，不耗體力、一鬆即有、
源源不斷，不需肌肉力，不容易氣喘如牛。

　　盡性立命：是指在此階段，要鍛鍊的是身與心的結
合，氣與體的協調。

　　古代養生家是以「性」比心，指的是靈性，以「命」
為體，練的是身體（南朝─陶弘景著有《養性延命錄》一
書，所談的即是練氣、養生等功法），並都會以調息積
氣、練氣化精、丹田運轉、周天循環、氣遍週身來作為讓
身心協調的修練方法。而且性與命要同時修練，道家的王
重陽祖師：「先天若無後天，何以招攝？後天不得先天，
豈能變通？」，在《大丹直指》裡也提到：「金丹之秘，
在於一性一命也。性者，天也，常潛於頂；命者，地也，
常潛於臍。」

　　上階段的太極十三勢都是不需用力的「勁」，一旦用
上拙力，反而會讓太極勁的流出不順暢。但此太極十三勢
卻可以用內氣來推動與強化，在放鬆的前提下，以丹田內
轉為核心，帶動內氣流佈四肢，摧僵求柔，鍛鍊全身的協
調性，不留絲毫拙力在筋骨肌肉間；此時胸腹折疊順暢，
腰脊左右旋轉靈活，勁由內而外，形似烏龍絞柱，勢如轟
雷，快逾奔馬。如此可加強太極十三勢的爆發力，是太極
拳境界中，最好看的發勁境界。

　　此時練拳，在不違反前兩個心法的前提下，應該快慢

相間。慢時不滯，讓神、意、氣在體內流串，圓轉纏繞自如；快時不亂，依照技擊與套路的要求，盡量地給予速度發勁。久久如此練習，更可以體會太極拳的威力。

注意事項：

若將此境界練到極致，則爆發力極強，但因尚未拿捏精準，如再用於較有殺傷力的招式中，是太極拳修練中最容易傷人的階段。所以古人對此功夫之修練細節，隱而不傳，唯恐所傳非人，到處樹敵，惹來一堆麻煩，甚至招來殺身之禍。故非有懲凶救命之急，萬萬不可用此功法。有心精進者，在此階段，也不宜久留。

合氣太極也是要求有通過演武的訓練階段者，才能進入此階段的學習。蓋因演武過程中，一直被要求不用力、要通過嚴謹的修心養性，養成保護拳友的習性，也就不會輕易傷人。並且長期訓練護身倒法，遇到危險時有護身脫離之術，才能保護自己，對演武練習雙方都有保障。

又練氣是屬於比較高階的功法，呼吸吐納等練習稍有不慎，容易氣結於經絡臟腑，或因學員個人的筋骨與氣血循環還不夠健壯，不小心練岔了氣，反而會傷了身，所以有高血壓、躁鬱症、身體虛弱者禁練此階段功法。

結　論：

這個階段是在鍛鍊自我，統合氣與體的協調，還有筋骨肌肉強度的鍛鍊；對敵時，還是以自我的意念與自身的功體來克敵，攻防動作與意念明顯，容易與對手產生頂抗或產生傷害。所以，在合氣太極練功心法中，屬於第三層功夫。

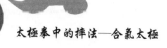
輔助練習：

在此階段的合氣太極的學員，應該兼練太極刀、槍、劍、棍，因為前幾階段練功心法的要求，如果還有不正確的認知，或對太極十三勢的應用還沒有完全掌握透徹；透過兵器的加長，會很明顯地凸顯出來。且因本階段的發勁動作威力強大，若直接施作於拳友身上，一不小心就會傷害到一起練習的拳友，若將此勁道透過兵器尾端顯現出來，可以檢驗自己發勁的技巧與威力，也就知道自己是否練對來，否則會因為找不到拳友可以練習而延誤了自己功夫的長進。

參考資料：

《拳論》—武禹襄宗師

以心行氣，務令沈著，乃能收斂入骨。以氣運身，務令順遂，乃能便利從心。精神能提得起，則無遲重之虞，所謂頂頭懸也。意氣須換得靈，乃有圓活之趣，所謂轉變虛實也。

發勁須沉著鬆淨，專注一方。立身須中正安舒，支撐八面。行氣如九曲珠，無往不利。運勁如百煉鋼，無堅不摧。形如搏兔之鵠。神如捕鼠之貓，靜如山嶽，動如江河。蓄勁如張弓，發勁如放箭。曲中求直，蓄而後發。力由脊發，步隨身換。收即是放，斷而復連。

往復須有摺疊，進退須有轉換。極柔軟，然後極堅剛。能呼吸，然後能靈活。氣以直養而無害，勁以曲蓄而有餘。心為令，氣為旗，腰為纛，先求展開，後求緊湊，乃可臻於縝密矣。

四、虎吼猿鳴，水清河靜（超越自我，神意鬆靜）

虎吼猿鳴：功夫已達氣機折疊開合、舉止輕靈貫串的境界。

從動物的影片中可以看到，老虎怒吼時鬆沈貫串，而山谷震動。猿猴啼聲不斷，但不影響其在樹上跳躍輕靈如飛。所以虎吼猿鳴是譬喻一個人的太極功夫輕靈貫串，能吞天之氣，有接地之力，能超越自己體能極限的境界。

虎吼與猿鳴皆是以氣出聲，故此階段指的是內動而非外動，不再追求自身體能的速度與強度，已經跳脫筋骨肌肉的鍛鍊，而專注於意與氣的修練。

經由前面幾階段的鍛鍊，太極功夫已經招招到位，勢勢有勁，全身筋骨肌肉協調、丹田有力、氣機蓬勃。而此階段除了自身功體、丹田之勁外，可以應用大自然的力量、接地之勁、能量的波動都能合而為一。此種勁道一思即有，比翻江播海還要迅速，中人如擲草，沒有肢體誇張的動作，看不到外形迅速的起落，卻能讓對手一接觸即驚彈而出，還不知發生何事。

水清河靜：代表心神必須鬆靜

上個階段是練習以氣來引導勢的流向與大小，但單純氣的能量終究有限，且無法脫離身體的範圍，但可以以意來壯大氣的能量並引導氣的流向，而且只有意才可以脫離身體的限制，飛躍於屋簷、樹梢，讓整個太極拳的威力更加強大。要達到這樣的效果，就要練習意與氣的協調，進而掌握意與氣的結合。

在這階段要鍛鍊的方法是要先把雜亂的念頭去除，進入一種身心寧靜的狀態，由於心靜再產生更深一層的鬆沈，靜到可以內觀自己，靜到能更精準地掌握內動所帶來的能量流，與外在能量之間的波動，然後以意導氣讓氣流竄於在四肢百骸中，更進而引導外在的能量融入自身的功體，並可充分的應用。古代養生家常說：意到氣到。而以練精化炁，守竅、溫養、內觀來讓自己更快掌握鬆靜的境界，也就是「不靜不見道之奇」。（這個炁，無火也無米，是屬於先天之氣。）

此階段已經不著意於固定招式的技擊用法，應著重於意氣的流動、全身的鬆沈、身心的寧靜，意到氣到。此階段的學員應注意身心平靜的鍛鍊，動作要完全聽自體內勁氣的運轉而動，可快可慢，但一定要輕、要整。在練拳時更要進一步把意念放在身內丹田與體外事物的連結。蓄勁、合時，可以將心意都收斂至極小；發勁、開時，可以將心意開至充滿全身、充滿整個練拳空間。

學員可以以站樁、靜坐或靜走來鍛鍊身心的沈澱，心緒的寧靜。身雖動，心貴靜。達到了真靜，可以更清楚地感覺身體內在的動。更要能夠做到內外相合，全身之動作都是由中而發，所有動作都是由腳而起。每一招，每一勢，舉手投足都能意到氣到，以心行氣，以氣運身。內氣不動，外形寂然不動，內氣一動，外形隨氣而動。思緒放空，身心放鬆；靜以觀其動，動以觀其變。完全能知道自身勁路之流暢，對手勁路之乖張、頻率與強弱。

注意事項：

這個境界主要是修練意與氣的結合，但必須練好前幾個階段的功力，才能以意使氣，以氣運身。做到意到氣到，氣到勁到。而且「無氣莫打坐，無麥空推磨」，古人認為沒有氣的打坐，收效不大，反而傷身。同理，光有意，沒有氣，沒有足夠的功體，還是很難發揮到此階段的精妙部分。

這個境界有成之人，已經能掌握老子所說的：「天下之至柔，馳騁天下之至堅。」已有吞天之氣，接地之力的能耐，故其發勁動作小而猛，一觸即發，發人如丟草，只有親自試手者才能感覺可怕之處。一般人看不懂，反而會覺得其拳架動作沒有「翻江播海」那麼吸引人。

結　論：

在此境界有成之人聽勁明白、動作精準、威力極大。人一侵犯，如撞奔牛，倒彈而出。或如被鱷魚咬住，死亡翻滾。但因功力很高，又經過太極文化長期薰陶，反而很少有誤傷他人的情形。對敵時，主要是以意打、以氣打，令人防不勝防；但畢竟還存在有很強的自我意念，所以在合氣太極練功心法中屬於第四層功夫。

這個階段修練的是內在，而非外形的鍛鍊，所以非得有高人點破，是無法有樣學樣就想學得來的。修練到此境界已屬不易，通常又非入室弟子不傳，所以目前練就這種功夫者已經不多了。

輔助練習：

至此階段因屬高階功法，請參加合氣太極的師資培訓

班。

參考資料：

《十三勢說略》─武禹襄

一舉動，周身俱要輕靈，尤須貫串；氣宜鼓盪，神宜內斂，無使有缺陷處，無使有凹凸處，無使有斷續處。其根在腳，發於腿，主宰於腰，形於手指。由腳而腿而腰，總須完整一氣，向前退後，乃能得機得勢；有不得機得勢處，身便散亂，其病必於腰腿中求之，上下前後左右皆然，凡此皆是意，不在外面。有上即有下，有前則有後，有左則有右；如意要向上，即寓下意，若將物掀起而加以挫之之意，斯其根自斷，乃壞之速而無疑。 虛實宜分清楚，一處有一處虛實，處處總此一虛實，周身節節貫串，無令絲毫間斷耳。

五、應物自然，西山懸磬（捨棄自我，捨己從人）

應物自然：動作自然流暢

不再有閃戰騰挪的技擊動作，沒有窮兇惡極的發勁攻擊，甚至沒有大方優美的招式套路，完全因敵變化。看似平淡無奇，卻能完全掌控對手。此階段有成之人，已能掌控對手如布偶，人一侵犯，隨之起舞，如鬼魅附身，揮之不去，撞之不開，摟之無物，雖戒慎恐懼，卻無計可施。此時要打、要踢、要拿、要摔，無不順手拈來，稱心如意。

此階段練功有成者，因功力極高，又能完全掌控情勢，幾乎不會有所閃失，更是不會輕易傷人。但因無固定

之招式，又常一觸即分，或對手一直哀嚎慘叫，卻無法脫身。外人看不懂，還以為是雙方配合，套好的表演。唯有親自體驗過，才知道自己剛剛已經在鬼門關前走過一回。

西山懸磬：不主動、不妄動、不不動。

「磬」是能發出聲音的石頭，隨風而鳴。「西山」是一座面湖而立的高山，山勢陡峭，山上風勢變化無窮。故懸掛於西山之磬石，無風即止（不主動）；風勢一來，隨風而鳴（不不動）；風勢變化，聲音隨之高低起伏（不妄動）。這剛好符合太極拳捨己從人功夫所要求的：不主動、不妄動、不不動的「三不」特性。此階段主要修練的標的是觀念，是心，要能拋棄自我主觀意念，捨己從人，反而融入對手的勢裡。

結　論：

在這個境界，完全是知己知彼、借力打力——即所謂的「合氣」。此階段要練的是沾、黏、連、隨，不丟不頂，捨己從人的太極功夫。但如果沒有前面四個階段的太極功夫，則每次的融入對手勢裡，反而會崩潰或轉關不靈，畫虎不成反成貓，反而變成對手的囊中物，變成自動送上門的肉包子，有去無回。

所以，對於已經練就前述四個階段的高手，想要修練這個階段最大的障礙是我執。明明有很強的攻防能力，甚至可以輕易秒殺對手，卻要放掉自己的強項，笨拙地與對手周旋。如對手也是個好手，則稍有自我意念，就無法精準地完成上述的「三不」功法，鬆錯了方向或過了頭，有可能反而為對方所制。

　　尤其有強力推手習慣者，因為常有爭勝之心，且已經養成用力習慣，那就要花更多的心力來放掉我執。

　　而合氣太極在此階段則更顯出優勢，因為常練演武者，已經習慣不用力，以沾、黏、連、隨引導對手進入背勢而習慣放棄我執，所以相對容易進入「西山懸磬」的情境；而且同門在演武過程中，大家不以勝負為重，有相同理念的同伴練習，就比較容易跨越這樣的障礙。

　　此階段有成之人，對敵時，如影隨形，完全因對方的勢與意來變化。待得機得勢時，要摔、打、踢、拿，無不信手拈來，輕鬆成局。但因尚有跟隨對手之勢的意念，故在合氣太極練功心法中屬於第五層功夫。

參考資料：

走架打手行功要言—李亦畬

　　昔人云：「能引進落空，能四兩撥千斤，不能引進落空，不能四兩撥千斤。」語甚概括，初學者未由領悟，予加數語以解之，俾有志斯技者，得所從入，庶日進有功矣。

　　欲要引進落空，四兩撥千斤，先要知己知彼。欲要知己知彼，先要捨己從人。欲要捨己從人，先要得機得勢。欲要得機得勢，先要周身一家。欲要周身一家，先要周身無缺陷。欲要周身無缺陷，先要神氣鼓盪。欲要神氣鼓盪，先要提起精神。欲要提起精神，先要神不外散。欲要神不外散，先要神氣收斂入骨。欲要神氣收斂入骨，先要兩股前節有力。

　　兩肩鬆開，氣向下沉。勁起於腳根，變換在腿，含蓄

在胸，運動在兩肩，主宰在腰，上於兩膊相繫，下於兩腿相隨。勁由內換，收，便是合，放，即是開，靜則俱靜。靜是合，合中寓開。動則俱動，動是開，開中寓合。觸之則旋轉自如。無不得力，纔能引進落空，四兩撥千斤。

六、無形無象，全體透空（完全忘我，還歸無極）

無形無象：不再需要有意識的攻防動作。

已經沒有敵我意識，當對手有任何的意念、動作影響雙方的陰陽平衡，自己就會自動產生陰陽開合。完全與對手合而為一，不分你我。此時，前面五個境界同時存在，可同時展現，或某些強，某些弱；因敵變化，任意搭配，而且不思即得。對手會有一片空白的時空頓點，甚至連戒慎恐懼的時間都沒有了，而直接發生無可避免的崩潰。對手出力越大，其所受的衝擊越大。出現以其人之道還治其身之境，也能讓對手無從出手，深怕出手會傷害自己。

全體透空：一切回歸無極。

此階段的修練心法是老子所說的「致虛極，守靜篤」、「復歸於無極」。鬆散通空，內外合一，變化無端，神鬼莫測，隨心所欲。一切回歸無極，一切合乎老子所說的「道」。

結　論：

太極拳最妙的地方是一開始就在練無極，到最後還是回歸無極。只是每個境界對無極與陰陽開合的體會不一樣，流暢度不一樣，細膩度不一樣，最後是達到身心無極，而全身太極的境界。至此境界，完全忘我，毫無所

求。因無形無象，已無敵我意識，故在合氣太極練功心法中屬於第六層功夫。

非根器上乘、聰慧曉悟之人，無法練成這個境界。個人也尚未練到此層次，但確實接觸過有這樣境界的人。而且由此詩所透露的消息，也大略知道要修練的方法。所以心裡篤定地追求前面的幾個境界，更可以確定等自己能力更好之後，有朝一日或許可以一探此神秘的領域。

總　結：

但也許有人認為直接練習無形無相，不就得了？這種人則犯了沒有按部就班之病，因為如果連有形的東西都沒辦法學好，或自己的意、氣、體都無法好好控制，那無形的東西就更難體會了。而且這種人通常又沒有耐性，大部分都是跳來跳去，雜亂無章，依筆者學拳與教學的經驗，大約有98％以上的失敗率。而且就算終有突破，最後還是要回頭重拾基本功夫。此時重回初級的課程，與同學之間又有很大的落差，反而格格不入，且影響老師的教學進度，徒增老師許多的困擾。

筆者早期也是跳著練，越練越心虛，最後只好再從頭練起，徒增許多困擾。幸虧有許多師兄、師姐悉心引導，才能回歸正途，但也浪費了許多光陰歲月。

世界上最快的學習方法，就是按部就班。

大道甚夷，而民好徑—老子

合氣太極道場禮儀

合氣太極對禮儀的要求比一般太極拳嚴謹，主要的原因有：

1. 道館及演武場地是一個傳道授業解惑，習武論道的神聖場所，也是學習如何保護自己，激烈的運動場所。所以學員進入道館接受教誨，要以虔敬的心，完全聽從教練的指導，嚴守道館禮儀、規範並靜心揣摩。絕對不可嬉戲胡鬧，以免發生危險。

2. 演武過程，雙方是以合作的方式，完成武術藝術化的展現，而非互相競賽，互爭輸贏。但模擬防身對抗，一定會有摔、打、踢、拿等攻防動作的練習，雖限制只能點到為止，但拋高低摔的，還是有一定的危險。所以雙方要互相感恩，謝謝對方提供的保護。

3. 太極拳有許多口訣與心法，老師與教練除了將畢生心血，傾囊相授之外。又需維護道統與學員安全。學員自當行禮如儀，以示尊師重道、感激之情。而且在練習當中，Tori（做方）固然練習到了招式應用的技法，Uke（受方）同時也在學習護身的技巧，所以雙發必須互相感謝對方的指導與練習的機會。

4. 合氣太極乃藝術的研究與探討，非逞兇鬥狠之武術或單純養生之功法。故合氣太極的學員當以修心養性，培養道德、堅毅與忍讓之心性為要務。而非養成匹夫見辱，拔劍而起的暴戾之氣。

壹、徒手禮

合氣太極的徒手禮大致分為鞠躬禮與抱拳禮。

一、鞠躬禮

這是很正式的行禮方式,通常在─

1. 見到師長或祭拜歷代師尊時。

2. 大會,空間狹小地點或大會表演、比賽結束時使用此禮。

3. 進入道場之時,以確定自己已經收斂心神,不再嬉鬧。

4. 離開道場時,以感恩的心情,謝謝師長以及同伴提供的指導與保護。

(1) 行禮的方法

一般場合:兩腳跟併攏,腳開約 90 度,並步站立挺直,兩手下垂置於體側,手心向內貼于大腿外側,行禮時頭與上體向前傾斜約 30 度。眼睛視線應該落在受禮者的腳尖。

在道館(場)裡,與對手對恃時:兩腳並步站立微曲,兩掌貼於大腿前面,沈肩墜肘,行禮時頭與上體向前傾斜 30 度。視線應該落在受禮者的下巴。(有尊敬但也含有警戒的意義,怕對方突然發難攻擊,兩手在前,隨時可以起式應敵,兩眼注視受禮者下巴,既不直視其眼睛而有挑釁味道,又可看清其動機。)

二、抱拳禮

在合氣太極裡，抱拳禮更有武術含意在裡面，因為它除了尊敬的意義之外，同時含了防備、展現實力的含意。所以在武術競賽、表演活動中用抱拳禮。

（1）行禮的方法

左腳上前一步，右腳跟上，並步站立，右手成拳，左手四指併攏微微伸直成掌，左拇指屈攏輕輕貼於右拳拳眼，左手掌心輕輕貼住右拳面，左指尖約與下頦平齊，置於胸前屈臂成圓，沈肩垂肘，拳掌與胸相距 20～30 公分。頭正、身直、目視受禮者。最後結束前，兩手手心向外前推（做一個「擠」的動作），再做一個收式做結束。

（2）抱拳禮的涵義

1. 左手四指併攏成掌為「文」，拇指微曲以期許自己不自大。右掌抱拳為「武」。左掌掩右拳，表示「外柔內剛」、「武不犯禁」。

2. 左掌右拳合攏、兩臂環抱成圓，表示五湖四海皆兄弟，天下武林是一家。

3. 左右手置於胸前屈臂成圓，含胸拔背、沈肩墜肘。頭正、身直，兩手手心向外前推：暗含一個擠勁。

貳、持械禮

抱刀禮、持劍禮、持槍（棍）禮是手上持有器械，無法做抱拳禮；一般在武術的競賽、表演活動中應用。

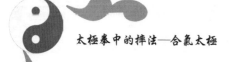

一、抱刀禮

並步站立，左手抱刀，兩手由身前約 45 度方向劃弧提起，屈左臂使刀斜橫于胸前，刀背貼于小臂上方，刀刃向上；右手拇指屈攏成斜側立掌，掌心貼附于刀護手內側。兩手腕部與心窩同高，兩臂微微外撐，沈肩墜肘，目視受禮者眼睛。最後結束前，兩手手心向外前推（做一個「擠」的動作），再做一個收式做結束。

二、持劍禮

並步站立，左手以劍指持劍，兩手由身前約 45 度方向劃弧提起，屈左臂使劍身貼于左小臂下側，斜橫于胸前；右手拇指屈攏成斜側立掌，掌心貼附于左手劍指側面。兩手腕部與心窩同高，兩臂微微外撐，沈肩墜肘，目視受禮者眼睛。最後結束前，兩手手心向外前推（做一個「擠」的動作），再做一個收式做結束。

三、持槍（棍）禮

並步站立，以一手自然下垂，輕輕握住槍／棍，兩手由身前約 45 度方向劃弧提起，屈臂置於胸前，槍尖／棍梢直立向上；另一手拇指屈攏成斜側立掌，以掌心輕附于持槍手之大拇指，虎口輕輕貼於槍／棍身。兩臂微微外撐，肘略低於手，目視受禮者眼睛。

第二章　基礎功法

無極樁

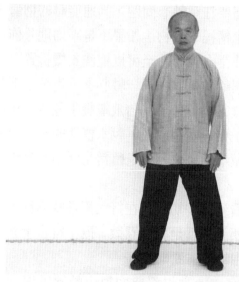

練拳需從無極始，陰陽開合認真求

01. 虛靈頂勁，收視返聽
02. 舌頂上腭，下巴微收
03. 沈肩墜肘，十指微攏
04. 含胸拔背，虛胸實腹

05. 命門呼吸，鬆腰落胯
06. 尾閭前收，小腹輕提
07. 圓襠圓膝，十趾鋪地
08. 意達湧泉，忘卻鼻息

　　高聳的建築物對軸心的要求非常嚴格，比薩斜塔的逐漸傾倒就是沒有處理好的負面教材，而台北 101 大樓直入天際的垂直線與中間層的減震球也都是軸心處理的精緻工程。除了高樓大廈需要注意軸心問題，高速旋轉的物體也是如此，洗衣機脫水槽裡的衣物，如果不是平均地分佈在軸心周圍，則震動非常之大，甚至可以把洗衣機拆毀；如果汽車輪胎的重心與輪軸並非在同一軸心上，也是上下震動、方向盤無法確實掌握，甚至輪胎飛離發生危險。所以大家都知道堆疊箱子要一個個放正，脫水槽裡的衣服要平均放好，汽車要去做輪胎定位，這是日常生活中大家都知道的常識。

　　但我們卻時常看到許多初學者在打太極拳時違反了這個常識，不是東倒西歪，就是結構鬆散，既不符合拳經拳論，也違反練氣養生的基本原則。

　　其實，人類所有的運動也都要面對中軸線處理的問題，最明顯的例子是：花式溜冰，一個超水準的雙人花式溜冰除了時間、角度的拿捏要非常精準之外，兩位男女選手都要把自己的軸心處理得非常完美，全身平衡勻稱、勁道貫串、鬆柔優雅，才可以輕易地把同伴接住、高高舉起，一起舞出優美的身影，帶給人們一種力與美的饗宴，

否則那將會跌在一起，甚至是一場災難的發生。其他的運動如地板操、平衡木、高台跳水、高爾夫球……等，也都是如此。

近幾年來 LPGA 在國內比較熱門，體育台也常常播出比賽內容，某位天后級的女選手在推桿時，筆者只要看其站立的姿勢是不是符合身心無極，以及出桿動作的陰陽開合操作是否順暢無礙，不用看球，就知道這一球有沒有打好。甚至有些選手在球前面站定開始瞄球，還沒上桿，看其站立是否符合身心無極的狀態，就已經知道這一桿的狀況好不好了。

太極拳既然是一個高超的武術，對中軸線的處理當然也有很嚴謹的規範。所以太極拳所有的宗師們都一直提醒大家要「虛靈頂勁」、「立如秤準」、「腰如纛」、「立身中正」、「輕靈貫串」……等對身法、軸心的要求。但太極拳既是武術運動的一種，除了處理好自身的中軸線之外，還要處理兩人攻防對抗的問題。

所以太極拳在處理自己中軸線的同時，還要處理拳架中的陰陽開合、太極十三勢以及招式用法。與高手過招，只要有個 0.1 秒的時間內無法完全掌控自己的無極，接下來就是撲天蓋地的致命攻擊，所以等功夫到達一個程度之後，更要隱藏自己的中軸線，同時要去探索對手的中軸線，處理兩人之間能量的流動，破壞對手的無極……等敵我互動的問題。因此太極拳高手對中軸線的處理，要比汽車輪軸、101 大樓或是一般的運動還要複雜且細膩許多。

太極拳除了要處理上述多面向中軸線的動態平衡之

外，還要身、心、靈一起放鬆，以提升自己的靈敏度、協調性、聽勁與整勁，以便掌握最佳的時機，將自己的能量灌入對手體內，讓對手沒有機會保持自己的無極，再給予致命的一擊。這種同時要調和身、心、靈多種變數於最佳狀態的身心狀況，太極拳稱之為「無極」。王宗岳宗師在其《拳經》裡面的第一句話就說：「太極者，生於無極。」也就是說：沒有無極就沒有太極。其實這也是一個很淺顯的道理：無法處理好自己的無極者，怎麼有能力去影響＆掌握別人的無極？沒有掌握到太極與無極之間的巧妙關係，如何做到「虛靈頂勁」、「輕靈貫串」，又如何完成「其根在腳，發於腿，主宰於腰，形於手指」？所以有些人練拳多年，可能只是因為沒有花時間去弄懂無極的含意，而讓其學拳的生涯跌跌撞撞，一直無法大幅突破。

「無極」是太極理論中最基礎也是最重要的觀念，也是人類大部分運動的基礎元素。古代聖賢對無極的定義是「天地未開，混沌未明，陰陽無形，動靜無始，元氣混而為一。」並以一個空圈來表示。

從上述的定義來看，人身無極的最基本要點就是身心放鬆、自然平衡、內氣充盈且全身鬆柔而富有彈性，這樣才能動靜無始，元氣混而為一。前輩高人依照無極的定義、太極拳練氣養生以及實戰的需求，對無極樁提出16句口訣來規範練習者從頭到腳的身法要求，凡是想要學好太極拳的讀者，一定要靜下心來，好好地練習無極樁，體會這個功法。

在無極樁中，我們可以不需要去操作招式的變化、身

形的纏絲、腳步的移動……。故人們可以更加專注於心神上對虛靜的體會，感受呼吸與內氣的互動，發掘丹田的存在，探索勁路的流暢、能量的流動，以及找到自己的中定。長期地練習無極樁，可以從觀念上、感覺上讓自己時常處於自己最佳的動態平衡中，直到養成習慣。

當讀者掌握到了無極生太極、太極還無極的感覺之後，更要將這個體會引入後面開合功、纏絲勁的練習當中，並以這個感覺來練拳，在每招、每式、每動中，不論是在開合鼓盪、起承轉合、運勁中或定勢時，都要隨時檢查自己是否處於無極的狀態中。有任何時刻無法符合「身心無極，五弓混元」的狀態時，則必定有錯，此時應該靜下心來，細心研討前輩高人設計此招的原始動機，並以陰陽開合、太極十三勢用勁的原理原則來自我檢驗，並與同伴在道場上試手對練、互相驗證，必要時請老師來餵勁以確定自己的體悟是否正確。

長期地如此練習，學習之路才不會走偏，也才有可能探索後面「階及神明」的高階境界。

上面的 16 句口訣用的都是專業術語，比較隱晦難懂。在筆者的教學經驗中，初學者通常沒有辦法檢驗自己是否同時作對，他們要抓到這 16 句口訣的真諦是有困難的。所以，筆者就針對無極樁提出一些心得以供初學者參考。

無極樁站樁要領：

無極樁的最基本要點就是要身心放鬆，目標是要身心

放鬆如嬰兒般無牽無掛、鬆柔而富有彈性。所以全身重要關節一定要維持弧狀的彈性＆鬆開，才能以氣灌入四肢百骸，以達到「行氣如九曲珠，無往不利」的境界。以下就是簡易版的無極樁：

1. 腿膝窩要維持圓弧狀—圓膝

兩腳平行站立約與肩同寬，兩膝微微鬆沈，以讓後腿膝窩微微彎曲成圓弧狀為準。尚未找到勁路者千萬不可彎出角度來，因為一彎曲過度，就很容易以大小腿肌肉出力來支撐身體的重量，導致某部分身體的僵硬而無法進入無極的狀態。太極的站樁是以找感覺，找勁路、找內氣為主，而這種找感覺的鍛鍊本來就比較不容易體會，如果初學者一開始就下蹲，把肌肉練硬了，把身形練僵了，反而更不容易找到感覺，故初學者千萬不可採下蹲式的站樁，一切要以自然為師。

讀者可以在自己站好無極樁時，讓自己身體上下彈動，如果能自然起落，毫不費力，那就是對了。如果讀者覺得有需要用力或起落的頻率不是自然地律動，那就是錯了。如果讀者覺得膝蓋要承受力量，甚至會膝痛，那就表示錯得很厲害，請讀者暫停練習無極樁以及太極拳，好好的去請教高明，弄清楚了「五弓混元」或「勁路」的觀念之後，再來練功也不遲。寧可慢一點成功，也不要快快地受傷，甚至一輩子與膝痛為伍。

等讀者很清楚地掌握自身的勁路之後，在不違反無極的原則下，倒是可以逐漸地採取較低的身形，因為較低的身形還是有技擊上的好處。

2. 腰胯要維持圓弧狀—圓襠

收尾閭，並把髖骨微微向前向上內捲，以讓後腰處微微鼓起，前腰胯微微內縮成弧狀為準。收尾閭是中國歷代各門各派養生家、武術家必定會要求的身法訣竅，因為人要煉好丹田運轉之前，必須要有一個容器——「鼎」，沒有底的鼎如何煉丹？而收尾閭就是要把煉丹的鼎底部築好，否則丹田是無法順利運轉的。但是不能因為收尾閭而讓屁股肌肉僵硬，要把會陰穴放鬆，襠要撐圓，有如一片薄竹片兩端被彎曲繃緊，中間未斷而保持自然的彈力。請讀者要特別注意的是：襠是否撐圓與腳開多大並無關係，雖足開三尺也還可能是尖襠，而足開一線就可以圓襠。

3. 背要維持圓弧狀—含胸拔背

中國養生家數千年來都是抬頭挺背，讓「呼吸往來氣貼背」。呼吸走督脈，除了呼吸更順暢之外，長期地關注氣血在督脈的流動，有助於內氣的鍛鍊。配合要點2，則整個後背部都呈現微微地弧狀。

4. 肩要維持圓弧狀—沈肩

亦即兩肩要放鬆，只有肩膀鬆開來，才不會橫氣填胸，上重下浮，而且兩肩不鬆內氣與內勁都無法貫串，所用皆為蠻力，遠離太極真功夫。現代人因為壓力或長期坐在辦公桌前，姿勢不良，所以肩頸通常很僵硬，甚至不知道如何放鬆。

初學者可以嘗試以下練習，先把兩肩盡量提高，心裡默數到十，將肩膀快速放下，此時兩肩最為放鬆，即是無極樁所要求「沈肩」的正確姿勢。長時間的如此鍛鍊，自

然不會有聳肩，斜肩之病，則自然會遠離肩頸僵硬，腰酸背痛的一些文明病。

5. 肘要維持圓弧狀—墜肘

太極拳是一種對安全性要求很高的武術，手臂伸直時是最剛強，也是最容易被擒拿或震斷的時候，所以太極拳要求沈肩墜肘，以養成手肘隨時保持鬆沈與微彎，以能傳遞勁道，卻不伸直的狀態為標準。

（合氣太極在套路中凡是將一手伸出時，必要求將另一手護在該手的肘內側，以防對手突然地一個捌勁，將自己的手肘震傷。）

6. 頸要維持圓弧狀—虛靈頂勁

脖子的弧形影響身心的無極最為明顯，但也是初學者最難掌握的要點之一。許多現代人（尤其是年輕學子、工作狂等）時常低頭看書、玩手機或上網，養成了低頭的習慣，不知不覺養成垂頭喪氣的姿勢。而頸椎不正則全身脊椎不正，影響了背部及腰椎的弧形的完美，進而影響了全身骨骼、肌肉與神經的協調性，以及五臟六腑的正常懸吊與空間。久而久之頭昏腦脹、全身都是病。脖子的弧狀以意念上微微向後磨蹭衣領的感覺為適當。

以上分別討論了六個要點，但對許多初學者可能還是會覺得很難掌握，所以初學者可以將這六個動作要領更簡單地統合成一個感覺，那就像一個人要坐高腳椅，上半身端正地把屁股鬆沈對準椅子，要坐卻不坐的那個當下，全身放鬆不用力，卻維持有很 Q 的彈力，並內氣貫串於五

弓之中。這種狀態就是所謂的坐胯，也是剛好把人體內煉丹的鼎築好，也才能進入虛靈頂勁的太極拳身法要求。

知道了以上無極樁身法的要求，讀者可以找一個空氣清新、氣感好、清靜無干擾、能讓人身心舒暢的地方，靜站無極樁。

站無極樁時，讀者一定要放鬆心情，放空思緒，一切以虛靜為本。虛才能容，靜才能觀，只有在虛靜中，才能收視返聽，內觀自己，也才容易找到自己的勁路以及接地的感覺。在這虛靜當中，還有一點很重要的就是還要能「元氣混而為一」，讓身心輕鬆自然並充滿了元氣與能量，也就是外形悠然自得，內氣卻蓬勃鼓動，這才算是完整的無極樁。

長期這樣地鍛鍊自己，甚至要讓無極的感覺融入生活中，無時無刻讓自己處在無極的狀態中，經過一～兩年的鍛鍊之後，可以在行拳走架、套路練習中都能隨時保持無極狀態，則可以更進一步把無極的狀態放在演武當中，能練至此，太極拳的根基已經非常紮實，就可以開始進入翻江播海、虎吼猿鳴等後面各種高階的功法。

長期地練習無極樁，隨時地放鬆心情，鬆開關節，把內氣貫串於四肢百骸，有端正骨架，促進氣血循環，活化組織器官，增進身心健康的好處。在這種無極狀態下練習緩合的太極運動，對於身體的改善也有很大的幫助。

筆者有許多朋友，在未學太極拳之前常常有失眠、肩頸酸痛、脊椎側彎、身體僵硬、手腳不協調……等問題，經過一～兩年無極、太極的鍛鍊，都能獲得了極佳的改

善，所以，讀者應該把這中國數千年智慧結晶的養生功法堅持地練習下去。

陰陽學說

中國古代的思想家觀察宇宙萬物，發覺所有事物，都含有兩種對立卻又互依的元素——有大就有小，有輕就有重，有冷就有熱，有光明就有黑暗，有美就有醜，有虛就有實……因而歸納出陰陽理論。

中國最古老的經典《周易》：「太極生兩儀，兩儀生四象，四象生八卦。」其中所謂的「兩儀」也就是陰陽。陰陽學說的原理深深地影響了中國哲學家、醫家、養生家、武術家的思考邏輯以及鍛鍊方法，可以說陰陽學說就是中國古代的基礎科學，因涵蓋的領域非常之廣，非一般的定義可以說明清楚，所以老子才會提出：「道可道，非常道。名可名，非常名。」的說法，而且這個「道」充斥於自然界的所有事物中，所以又說：「道法自然」；而太極為陰陽的圖像表徵，生於無極，內含陰陽，即為「道」。

現代的科學實驗也發現了原子的基本結構也是由正負兩種粒子的結合，磁場、電場也都是以正負兩極的型態存在，質量與能量之間也是可以轉換的。大，大到宇宙間的日月星辰，小，小到無法切割的粒子，都遵循著這個「道」而運轉，現代科學已經驗證了這個幾千年前就已經存在的陰陽學說是正確且先進的。

　　拳雖小道，本乎太極大道，陰陽學說也是太極拳最重要的指導理論，因為人體也是一個小宇宙，內含陰陽，人體所有的運動當然也都要順著陰陽之道而運行，既有對立，也有統一，並因陰陽兩方面的相互作用，拳勢才有不斷地運動與折疊變化。所以想要練好太極拳的拳友們，對於陰陽學說的理論一定要有所認識，否則很難掌握太極拳最核心的精華。

陰陽的特色：

一、對立互根，陰陽平衡

　　陰陽兩方的本質是相反的，故雙方是對立的。但其任何一方的存在，又都是以另一方的存在為條件，任何一方都不能脫離對方而存在。而且陰陽平衡時才能中正安舒，如有一方太過，必導致一方的不及。

二、動靜消長，相互轉化

　　動靜消長是陰陽互動的基本狀態。陰陽雙方並不是處於靜止不變的狀態，而是在對立與統一之間互相消長，是處於永恆的動態平衡中，不停地變化，不停地消長。而且陰陽任一方發展至極限，就會轉向另一方發展，即為老子所說的「反者道之動」。

三、升降出入，陰陽開合

　　1. 升降是陰陽最主要的運動型態。

　　陽主升，上升的為陽氣，陰主降，下降的為陰氣。濁陰能下降，根基自然穩固，清陽能上升，身心自能虛靈應敵。中國養生家的行氣訣及小周天運氣方法，主要用的就

是陽升陰降的調氣功法。

2. 出入是陰陽運動的另一種型態。

陽主衛外，清陽之氣出則散於肌表腠理，氣可透全身、保衛人體。陰主內守，有形的精血則向內，收斂入骨，納入丹田，營衛五臟六腑。

3. 開合也是陰陽運動的另一種型態。

動之則分，靜之則合。開者：鼓盪，讓氣鼓盪於全身經絡之間，是為陽鬆。合者：神斂，將氣收斂入骨（入於體中），是為陰鬆。這樣一開一合之間，才能將內勁貫串於全身，以達輕靈貫串之境界。

開合功

以前因為沒有便宜的攝影器材以及足夠的電腦軟體功能，所以大部分的招式動作都只能以文字敘述，如果要將套路中每動每勢的陰陽對立消長、轉化平衡、開合纏絲說明清楚，那將會是一本非常繁浩的巨著。且「法不傳六耳」，大部分的前輩高人都不願意將這核心功法說明清楚，以致於許多太極拳的愛好者，學了幾十年的太極拳，還不知道「開合」是什麼東西，給開合蒙上一層神秘的面紗。

但是「大道至簡」、「一開一合，拳術盡矣」，陰陽開合是太極拳的核心理論之一，而合氣太極整個套路也都是建構在陰陽開合的基礎上，但一個完整的陰陽開合要以內外開合同時運作，並維持陰陽平衡為標準練法；所以有出就有入，有升就有降，有開就有合，也就是《拳經》所云：「有上即有下，有前即有後，有左即有右」，有內就有外。但這是相當細膩的練法，初學者恐怕沒有辦法同時掌握這麼多的變數，為了讓讀者容易練習起見，本章的開合功是在符合第一層心法「身心無極，五弓混元」的原則上，將陰陽理論中升降出入，陰陽開合的基本動作由淺入深、由簡入繁分別地介紹給讀者。

讀者若能常常練習，除了更容易體會無極、太極、陰陽開合等太極拳的基本功之外，更能讓練者放鬆壓力，調節身心的平衡，還有按摩內臟等的好處，也讓太極拳更符

合養生之道。（更深入的養生練氣的功法，合氣太極系列叢書將另外介紹。）

　　完整的開合是整體神、意、氣、拳架及套路的開合。但讀者應該先求拳架的開合，再求胸腹的開合。等待胸腹、拳架的開合熟悉之後，再求神、意、氣的開合。本書是為合氣太極練功心法前兩階段的人所寫的，所以本書的開合大都是講拳架的開合，只有少數部分談到氣機的開合。讀者可以先細心揣摩太極十三勢的開合，融會貫通之後，再將應用於整個套路之中。

　　但能完全掌握本章開合功的操作之後，讀者除了要心神虛靜、收視返聽，集中注意力於陰陽開合以及氣機鼓盪外，還要更進一步練習陰陽的對立互根、陰陽平衡，讓陰陽轉化、互動消長，以追求陰陽相濟的境界。如此練拳，有陰就有陽、有虛就有實、有升就有降、有出就有入、有開就有合。這樣打拳快慢相間，不使用拙力，省力而不費力，也符合運動生理學、人體工學以及神經傳導的自然法則，每練一遍有一遍的體悟，也更能感受到健康與功力日日增長。

0. 以無極樁站立

1. **升**—雙手如抱住一顆大氣
　　球，輕輕地捧起。

2. **升**—雙手慢慢提至膻中穴
　　時，心氣一鬆，轉為下降。

3. **降**—雙手緩緩放下，意念落
　　至丹田。

4. 降轉開—意念在丹田一轉，
　發散於四肢。兩手漸開。

5. 開—兩手持續開，要似有絲
　線纏住兩手，欲開又怕拉斷
　般輕柔。

6. 開—雙手開至與肩同高，注
　意不可超出視角範圍。

7. 出—心氣一鬆，氣散於四
　肢，勁透指尖，意念上就像
　將手穿過衣袖般穿出。要五
　弓混元。

8. 入—意念由兩手收斂入骨。

9. 入轉合—雙手有如飄浮在空中，緩緩下降。

10. 合—兩手持續合，要似有一團氣阻在兩手間，欲合而有輕輕阻力。

11. 回到無極樁，接動作 1。重複 0 ～ 10 的動作，動作越慢越好。每次至少練習十遍以上。

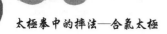

纏絲勁

地球除了繞太陽公轉之外，本身還有以南北極為中心的自轉，並帶動月亮以及許多的衛星繞著地球轉。宇宙間的星體運轉是如此，太極拳也是如此，大圈帶動小圈，小圈帶動更小圈轉，太極拳甚至還要小圈化為大圈，大圈轉為小圈，一圈套一圈，循環無端、變化萬千；有人就把這種現象稱為纏絲勁，陳氏太極更將纏絲勁與陰陽開合並列為太極拳最重要的核心功法。陳鑫：「太極拳，纏法也。」

纏絲勁是人體運動時自然呈現的現象與法則，有些太極拳的初學者無法體會，誤以為纏絲勁是某些門派故意做出來的動作。其實人體大部位的肌束並非很單純地平行排列，而是成扇形的排列或相互糾結地交纏在一起；再加上人體骨骼也都微微呈現弧狀的結構，所以在運動開合的時候人體與四肢會自然螺旋纏繞，也就自然地產生纏絲勁。有纏絲勁者的太極勁道與效果，比起生硬的前伸後縮有數倍之差，並且有纏絲勁者，其沾、黏、連、隨的太極功夫才能真正體現，也才能通過招熟懂勁，進而進入階及神明的境界。

有些太極拳的初學者無法體會這種纏絲勁，是因為沒有放鬆或身心不夠寧靜，無法體會這種比較細膩的些微差異；所以，太極拳的初學者打拳一定要鬆、一定要柔、一定要慢，在這種鬆柔緩慢的情境下靜心揣摩，去體會自己各個關節、骨骼與肌束的運作；只要夠鬆、夠柔，慢慢地

就可以感受到自己身體四肢百骸的螺旋纏繞，慢慢地就可以培養出真正的纏絲勁。

前面開合功的開合以一開全開，一合全合，左右完全平衡的方式練習，是體會陰陽的開合、出入、升降很好的功法，卻不容易讓初學者體會到人體在開合的過程中，會自然產生這種威力強大的纏絲勁。現為讀者介紹合氣太極潑水功法之一的倒水式給讀者，讀者可以當成基本功法，常加練習，以藉由這個功法體會太極拳的纏絲勁，並為後面的太極十三勢打好基礎。

在此練習中，讀者可想像自己兩手都拿著一個空碗站在水深及腰的水池中，以右手空碗向左下方在水池中舀了一碗水，慢慢地轉為端水，從左下方端到右前方時慢慢倒下，而左手拿著空碗則同時尾隨到右下方接水。

然後換手，改想像以左手舀起一碗水，從右下方端到左前方時慢慢倒下，而右手拿著空碗則同時尾隨到左下方接水。如此循環無端。（更多的潑水功法，合氣太極系列叢書將另外介紹。）當然讀者剛開始時也可以到游泳池裡，拿著兩個碗真正舀水練習，應該可以更容易體會本功法的精髓。

潑水功──倒水式

0. 無極樁站立

1. 左合──重心微微落向右腳，
   左手自然順纏裡合提起。

2. 左開右合──重心由右腳推向
   左腳，左手自然逆纏外開，
   右手自然順纏裡合。

3. 右合──重心落在左腳至九分
   滿時，右手由順轉逆纏而
   上。左手轉順纏鬆落。

4. **右開**—重心由左腳推向右，右手持續逆纏而升，左手順纏落下。

5. **右開左合**—重心推過兩腳中間，右手持續逆纏而開，左手順纏左合。

6. **左合**—重心持續落向右腳，左手順纏左合，右手順勢逆纏而開。

7. **左合轉左開**—重心落在右腳至九分滿時，左手由順轉逆纏而上，右手順勢逆纏鬆落。

8. **左開**─重心由右腳推向左腳，左手逆纏而開，右手順纏鬆落。

9. **左開轉右合**─重心推過兩腳中間，左手持續逆纏而開，右手順纏落下。

10. **右合**─重心持續落向左腳，右手順纏裡合，左手隨勢逆纏而開。

11. **右合轉右開**─重心落在左腳至九分滿時，右手由順轉逆纏而上，左手持續逆纏鬆落。

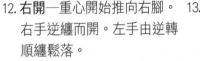

12. **右開**─重心開始推向右腳。
　　 右手逆纏而開。左手由逆轉
　　 順纏鬆落。

13. 接動作 4 ─如此循環無端，
　　 開合相寓，動作越慢越好。
　　 每次練習至少 10 遍以上。

　　講到纏絲勁，很多讀者會被某些太極拳的著作中轉來
轉去、翻左翻右的纏絲勁圖給弄昏了頭，總是很難記得住
何時是順纏，何時是逆纏。

　　其實纏絲勁是運動開合中自然產生的一種現象，只要
是夠鬆、夠靜、夠自然，打拳時自然就會產生。但是為了
怕初學的讀者不能體會或誤解，所以在上面纏絲勁功法裡
還是會將一些重要的轉折點的纏絲勁方向註明出來，以幫
助讀者做出正確的功法練習。

　　但練習本功法時最重要的是自然，要中正安舒、自自
然然、舒舒服服地靜心揣摩，是要去感受體內那種大圈帶
小圈、小圈化大圈體內自然的纏絲勁，而非為了要外形纏
繞而纏、那種硬邦邦的纏。

Note:

1.圖中所註的「左開」，就是將重心鬆沈到右腳，因反作用力以及五弓的關係，胸腹會微微的向左方向打開，勁道會循著勁路傳至左肩、左臂、左手而向身體左側鬆開；「右合」，是左開的勁道因重心趨向平衡而開始遞減，身體也因慣性而開始鬆沈到左腳，因而胸腹會順勢微微地向左胯合上，因而帶動右肩、右臂、右手向左腳鬆沈。「右開、左合」則觀念一樣而左右相反。

2.在做本功法時頭要自然地跟著轉動，轉動的原則是要跟著正在開、合的手轉動。

3.「開合一定間」兩手左右開合時以合到最深的時候手不超過鼻尖中線，開到最遠的時候手不離開眼睛視力範圍為適當。

　　為了幫助讀者更快瞭解纏絲勁的順逆方向，筆者將那些翻來覆去的纏絲勁圖轉譯成幾個基本的觀念，以幫助讀者能更快地瞭解那些轉來轉去的圖形。

　　手的順逆纏絲：

　　手的順纏——拳掌在運動時，會讓手肘往內關，往丹田方向鬆沈，為順纏。

　　手的逆纏——拳掌在運動時，會讓手肘往外開，往離開丹田方向鬆開，為逆纏。

　　腳的順逆纏絲：

　　腳的順纏——腳的順纏是以開腳開跨的轉圈方向為順纏。以腳盤來看，就是意念由腳大蹈趾，一趾一趾地逐次轉到小蹈趾，再從腳外沿纏繞，通過腳跟，沿著腳內沿回到腳大蹈趾為順纏。

　　腳的逆纏——腳的逆纏是以扣腳合胯的轉圈方向為逆纏。以腳盤來看，就是意念由腳小蹈趾，一趾一趾地逐次轉到大蹈趾，再從腳內沿纏繞，通過腳跟，沿著腳外沿回到腳小蹈趾為逆纏。

　　參考資料：

亂環訣

　　亂環術法最難通，上下相隨妙無窮。陷敵深入亂環內，四兩能撥千斤動。手腳齊進橫豎找，掌中亂環落不空。欲知環內法何在，發落點對即成功。

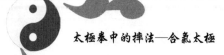

第三章 基本動作

護身倒法

前 言：

　　人人都有跌倒的經驗。從嬰兒學走路的跌跌撞撞，到長大打籃球、騎腳踏車、溜冰、天雨路滑、爬山滑倒，又更甚者被車子撞到、被人絆到，或老年人步伐不穩……等。跌倒，是每個人都有的經驗。但您跌得正確嗎？

　　我們看到許多武打明星在電影裡有帥氣又神奇的摔倒動作；職業摔角秀場中，選手不可思議地從高處飛撲而下；甚至前些時候社會新聞報導，一個二歲的孩童從九樓墜下，竟然幸運地毫髮無傷。這些看起來神奇、帥氣、甚至幸運的的事情，是真的嗎？是怎麼辦到的？有道理可循嗎？

　　電影為了好看，有些飛天鑽地是作假的，但一般的翻滾則是真功夫。而本章所要討論的護身倒法，是真功夫，是要讓讀者以科學、簡單、易學的方式來學習在跌倒時如何正確地保護自己，把傷害減到最低，重傷變小傷，小傷變沒事。有了正確且確實的護身倒法技能，合氣太極的

演武、試手對練，才能在安全無虞的狀況下完成，也才有可能進入招熟懂勁的門檻。「護身倒法」可以說是最實用的武術技巧，也是使用頻率極高的武術技巧，而且只要學會，終身不忘。

練習護身倒法有許多好處：

1. **增加運動量**——學習合氣太極需試手對練，有了護身倒法後可摔可打，兩人互動頻繁增加了運動量。尤其演練中需要滾翻護身的受方（Uke）比套路練習運動量增加非常之大，可提高代謝功能。所以更加強了強身、健身、減肥……等效果。

2. **減少生活中的傷害**——常練護身翻滾，更能增加平衡感的維持，就算有跌倒，還可以用護身倒法卸力，防止受傷。

3. **舒展筋骨，減少病痛**——現代人在生活中常常有過度的壓力，影響到了心情與健康，以致於各種疼痛、疾病與疲勞纏身。如果能以正確的姿勢在軟墊上滾個幾圈，不但能活絡筋骨，抒解工作的壓力與疲勞，還有幫助睡眠、不易發胖等優點。更因為適度且合理的伸展＆按摩脊椎，能活化幹細胞並刺激人體中最重要的造血功能，可以讓中老年人遠離病痛，活得更健康，更有活力。（但有皮膚病、高血壓、骨質疏鬆症、心血管疾病或剛開完刀的人要小心為之或避免。此類學員，應該先練習合氣太極養生功法或套路，調養身體至正常狀況後再練習護身倒法等較激烈的動作。）

4. **解脫擒拿**──有許多擒拿被制的狀態，在還沒有完全被擒到位之前，還有一點時間與空間，常常是就地一滾，就能解決被完全制死的窘境。故受方除了讓施術方（Tori）練習招式用法之外，也學得許多招式的解法。

5. **練習攻防**──許多習武多年的太極高手，也許具有高深功力，但從來沒有試手應用過，無法確定自己的武術是否可用？但如要與人真正對抗比賽：「打輸進醫院，打贏上法院，沒有輸贏又不甘願。」在出手與不出手之間，真的很難拿捏。唯有熟悉了護身倒法，才可以安全地跟同伴一起練習太極拳的摔、打、踢、拿等應用。也才能體會招式的精妙與發勁的竅門，驗證太極拳的力與美。

6. **充滿藝術**──在合氣太極的演武中，兩人在道場中畫出一道圓弧之後，受方以矯健的身法在地上翻滾一圈後一躍而起，或在空中翻滾一圈，落地時拍出動人心魄、震耳欲聾的巨響；就像雙人花式溜冰一樣，那麼的優美與充滿張力。所以合氣太極拳除了原有套路招式的溫柔大方之美外，還多了一個有如雙人花式溜冰般的力與美，這才能還原太極拳應有的肢體藝術之美與樂趣。

原　理：

學習護身倒法，最重要的原則是：要有平坦、寬闊、安全且專業的場地。一顆蛋，從一定高度落下，會破掉，可是如果是落在鬆軟的棉花堆裡，則蛋可以完好如初。所以練習護身倒法的場地地板是要可以吸收衝擊的地墊，尤其剛剛開始學習護身倒法的學員，更要注意場地的安全

性。

有了安全的場地之後，還要有三個重要的觀念：

第一：盡量的降低高度。

高度是跌倒時最大的衝擊能量來源，所以在還有所選擇的情況下，在合理範圍內巧妙地降低高度是護身倒法中最重要的技巧之一（有些高階的空翻除外）。

第二：適當的利用手、腳的動作做為緩衝。

以手腳做為緩衝，手腳多少會痛，但我們要手痛？背痛？還是後腦痛？但除了要將手腳拍地之外，還要讓手腳維持一個合理的弧度，這個弧度要保有一定的 Q 度與彈性；除了可以避免後腦與軀幹受到重擊外，又同時不讓手腳受傷。

第三：身體維持圓相。

軀體往胸腹內縮成圓滾的球狀，配合手腳的弧度，這樣可以藉由技巧，將直接落地的衝擊，轉為與地面平行的滾動以避免傷害。同時可將頭縮起，以避免人身最重要的頭部觸地，造成無可彌補的傷害。

護身倒法大致可以分為兩類，一個是往後落下，最要注意的是後腦可能受到撞擊。另一為往前落下，最要注意的是顏面可能受到撞擊。前者簡稱「後倒類」，後者簡稱「前倒類」。

在「後倒類護身倒法」中，我們從最簡單的臥姿躺著開始練習，進而坐、蹲、站姿，最後是幾個實際應用的練習。而「前倒類護身倒法」，我們也是從最簡單的前肩滾

倒法開始練習，最後進而有跳躍障礙物等幾個實際應用的練習。

注意事項：

此部份為武術專業訓練，讀者一定要在合格的場地，還有專業的教練從旁協助與指導下練習，並一定要循序漸進，否則還是有危險存在。五十歲以上、骨質疏鬆、高血壓患者以及身體羸弱者，應該請醫生及教練詳細評估過體能狀況後，並在教練的指導下小心進行下列各種護身倒法練習。至於其餘本書沒有介紹到的高階護身倒法，則危險性非常高。非有完整的基礎訓練、專業的指導教練及更嚴格的安全防護之下，嚴禁練習。

學員的護身倒法訓練沒有經過教練的考核通過之前，不可練習本書第六章—合氣太極演武中的受方 Uke。否則容易發生危險。

後倒類護身倒法：

生活上，或武術練習中，常常有向後倒地的狀況發生。如果讓整個背部著地或後腦著地，輕則頭暈、咳嗽，重則嘔吐，最嚴重時可造成終身癱瘓，甚至死亡。而如果用手去撐地，則會造成手、腕扭傷，甚至骨折。所以讀者一定要好好地練習，只要用到一次，就值回票價了。

1. 臥姿護身倒法

練習藉由腹肌、肩夾肌、背肌等支撐頭部，並練習以手拍地，養成正確的護身動作，為後面其他護身倒法做準

備。

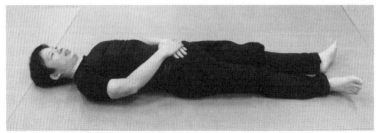

1. 平躺於地墊上，兩手交叉於小腹上，為預備動作。

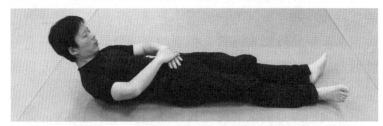

2. 肚子內縮，眼睛注視兩腳後跟。類似做仰臥起坐的感覺。

3. 雙手快速拍地墊，手與軀幹成 30 ～ 45 度。拍手速度要快才
   有緩衝的效果。

2. 坐姿護身倒法

　　練習過程中，眼睛好像要看到自己尾閭一樣，讓自己
腹部保持內縮狀態，整個背部到頭維持成拱圓形，養成保

持內縮狀態的護身動作。並練習手拍地板的時機，避免脊椎與後腦著地，為後面其他護身倒法做準備。

1. 坐在地墊上，兩手伸直，肚子內縮，眼睛意念注視自己尾閭。

2. 腹部內縮，往後倒下，雙手快速拍地，要在腰部著地前拍到地墊。

3. 蹲姿護身倒法

提高重心高度，練習屁股著地前收尾閭的習慣。並複習上兩個練習的注意事項。

1. 蹲在地墊上，兩手伸直，此為預備動作。

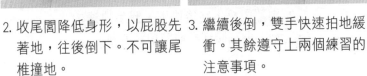

2. 收尾閭降低身形，以屁股先著地，往後倒下。不可讓尾椎撞地。

3. 繼續後倒，雙手快速拍地緩衝。其餘遵守上兩個練習的注意事項。

4. 立姿護身倒法

練習直立高度的護身倒法。初學者應該特別注意千萬不可以手撐地，否則很容易受傷。

1. 站在地墊上，兩手伸直，此為預備動作。

2. 收尾閭蹲下。剩下過程與蹲姿護身倒法 2 相同。

3. 亦可先後退一小步，減少緩衝後再蹲下。如 6. 實務運用—被推倒圖 2～3。

5. 後滾翻護身倒法

適用於同時有較強後退力量的後倒情況。運用前面幾個護身倒法的技巧，維持內縮狀態。並練習避開頭部，由肩部後滾翻的技巧。

Note: 比較謹慎的讀者，可增加蹲姿後翻滾，立姿後翻滾。以讓自己更加熟悉後滾翻護身的感覺，以克服恐懼感。

1. 維持內縮狀態，蹲坐在地墊上。

2. 往後倒下時以手拍地。重量往一邊臀上落，頭也微微偏向同一邊。

3. 身體繼續往後滾過，由另一邊肩膀翻滾而過，頭與頸部不可受力。

6. 實務運用——被推倒

實務上，我們也時常遇到由前面碰撞或被推倒的情況。運用此法，可以避開傷害。

1.兩人站立，由一方出力將練習者往後推倒。

2. 練習者後退一小步卸力，同時降低身形，以爭取時間跟高度的緩衝。

3. 其餘注意事項，與 5. 後滾翻護身倒法同。

4.

5.

6.

7. 實務運用──手持物品後滾翻

　　在合氣太極的演武中，時常有一手被擒，又需要後滾翻的狀況。或我們一手牽著小孩／拿著重要物品而後倒，如何保護手上之物與自己呢？此種練習就可解決此種問題。

1. 手持物品。

2. 後退半步，同時降低身形，爭取緩衝時間與高度。

3. 只用單手拍地墊。

4. 其他注意事項與 5. 後滾翻護身倒法同。

5.

6.

7.

前倒類護身倒法：

生活上，或武術練習中，常常有往前倒下的狀況發生，這時首要注意的是顏面與胸腔是否會受到直接撞擊，還要避免用手去硬撐而造成手、腕扭傷，甚至骨折。

所以，讀者一定要好好地練習，以養成不用思索就能自動反應的動作。

1. 前仆護身倒法

在武術對抗時手被擒拿，或限於地形無法翻滾，或下

趴的速度太快，來不及翻滾。可透過兩手拍擊前方地墊作
為緩衝，以保護顏面與胸腹重要器官。

1. 立姿站著。

2. 重心往前，同時雙手前伸準
備作緩衝（手指微攏）。

3. 手掌快速拍地（兩肘張開，手掌護在面前）。兩臂及肚子皆
維持拱形。

　　Note: 比較謹慎的讀者，可先採高跪姿練習。以讓
自己更加熟悉前仆護身倒法的感覺，以克服恐懼感。

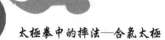
2. 前肩滾翻護身倒法

頭是我們人體最重要的器官之一，是護身倒法中最高優先保護的項目。此練習中，頭要側縮在旁，而非頂著翻過，意念依然要看著自己的尾閭，維持內縮狀態，以熟悉往前滾翻的要訣。

1. 跪蹲在地墊上，頭部側縮向一邊，以另一肩著地，為預備動作。

2. 腳用力一撐，經肩＆後背往前翻過。

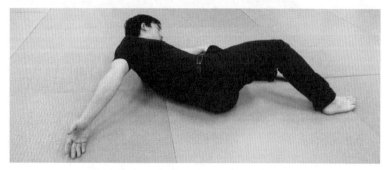

3. 身體繼續往前滾過，以腳掌平落地墊。

108

3. 前迴轉護身倒法

右手手刀要維持圓弧狀，才可維持身體的圓相，以保護頭、頸，免於直接撞擊地面，讓身體圓滑地翻滾而過。此護身倒法需要左右邊都熟練。

1. 右手為手刀，左手撐地。右腳在前，左腳在後。

2. 左腳慢慢用力，將重量引導到右腳、右手上，頭與腹部意念依然維持內縮狀態。

3. 右腳繼續蹬地向前，透過身體的圓相，像球一樣向前滾過。

109

4. 其餘與前肩翻滾護身一
　樣。

5.

4. 實務運用──跳躍障礙物

在演武對練時，被腰摔、過肩摔，以及遇到對手伸腳
牽絆，或日常生活中，突然遇到障礙物時，此種技法可以
解決困境。

此部份為前面各種護身倒法的應用。

1.

2.

3.

5. 實務運用──牽引前迴轉護身倒法

在合氣太極的演武中常因為一手被執又需要前滾翻，或在日常生活上牽小孩而跌倒時可以使用。

1. 此部份為前迴轉倒法的應用。　　2. 唯只能用一隻手觸地。

111

2.

3.

4.

5.

手　型

手型在太極拳裡是非常重要的，因為它影響了招式用法的正確性與威力，與拳、掌的靈活度。也影響了神、意、氣的貫通，更影響勁道的流暢與聽勁的敏感度。初學者及練太極拳多年卻還無法感受到內氣的貫通者，應該多多注意手上是否用上了拙力。否則一錯全錯，多年努力有可能都是白費。

正　拳

正拳可用於砸拳、直拳、勾拳、打擊、摔法、抓取等用法。

四指併攏捲曲，指尖微微接觸掌心，拇指捲曲，輕輕貼于食指與中指的第一骨節上。

此拳不可握緊，拳背與腕要鬆柔，但要正，且一氣貫通。

半握拳

半握拳可用於勾、抓、取代穿掌等用法（現代人沒有鍛鍊指力，手指對於許多要害並無穿透力）。

四指前面兩個關節捲曲，拇指微微併攏于食指內側，成扁平狀的拳。

拳背與腕要鬆柔，但要正，且一氣貫通。

攢　拳

攢拳用於點穴、打擊單點要害等用法。

食指微微捲曲，拇指指尖微微貼於食指的第一＆二關節處。其餘三指，與正拳同。

此拳不可握緊，拳背與腕要鬆柔，但要正，且一氣貫通。

掌

掌用於切、穿、擒拿、按、托、拍擊、甩擊等用法，太極拳用掌的時機比用其他手法多很多。

五指平展，不伸不屈，微微籠住，以指縫剛好可以夾住一張名片的感覺為適當。拇指魚際自然靠攏，讓拇指可以與小指遙遙相對。

腕部要鬆開，不可有僵直，內氣必須貫串至指尖。

勾　手

勾手用於擒拿、解擒拿、鞭打、點穴等手法上，是太極拳中非常好用的一種手法。

五指輕輕捏攏，狀似以手指捏一小撮鹽巴的感覺。

腕關節不可用力，讓其自然下垂，但須以內氣提住，保持一完美弧度。絕對不可故意彎成死彎，以免影響內氣與勁道的貫串。

第四章　太極十三勢

太極十三勢

　　太極拳雖有千變萬化，但其變化的基本元素是來自於太極十三勢。太極十三勢中有掤、捋、擠、按、採、挒、肘、靠等八種勁法，加上金、木、水、火、土等五種腳法，是太極拳的基本功法，就像九九乘法表在數學裡的地位一樣重要。建在沙地上的大樓沒有堅強的根基，風雨來時隨風而倒、不堪一擊，學習太極拳者就算把套路打得再美、再流暢、難度再高，如果沒有把太極十三勢練好，還是跟沙地上的大樓一樣沒有根基，遇上強敵也是不堪一擊。

　　這麼重要的太極十三勢卻還有許多的太極拳愛好者卻一直弄不明白「勢」與「式」有何不同？「勢」與「勁」又有何不同？也不知道為何稱為太極十三勢？

　　一個有經驗的象棋高手總是會有許多象棋的對弈經驗，包括許多的戰術與策略，也會把對手的心裡揣摩得一清二楚，埋下陷阱，靜待對手的陷落之後才給予致命的一擊；把這些下棋的最佳手法記載下來，以供後人學習的書籍就是棋譜；同理，歷代的武學世家也一定累積有很

117

多以性命相搏得來的對敵經驗，把歷史經驗中敵我拳腳的方向與勁道、敵人最有可能的反應、自己最佳的攻防位置與策略……通通記載下來，以供門人、弟子學習的也就是招式與套路，所以「式」是指招式，是敵我攻防的技擊方法，是力、勁、勢、敵我架構、身法以及人性弱點的綜合應用。而「勢」則是指一種能量的流動，《孫子兵法》：「激水之疾，至于漂石者，勢也」、「如轉圓石於千仞之山者，勢也」、「勢如擴弩，節如發機」，現代人則說：趨勢是凡人無法抵擋的；以上幾個例子裡的「勢」都是自然、基礎能量的積蓄與顯現。

　　同理太極十三勢裡的「勢」也是指十三種有方向性的動能，是自然存在的能量或人類的天賦本能，有需要用「勁」時，不需用「力」，一鬆即有，而且威力無窮。太極拳把這些在自然界中本來就存在的、不用肌肉力，能產生「內勁」的能量特別歸為一類，剛好符合古籍中五行、八卦對大自然的描述，所以稱為太極十三勢，在人類的運動或工作中，有許多動作需要既放鬆又要有勁道者，幾乎都可在這十三勢裡找到相對應的運動模式。例如在本書第二章無極樁中所提到的高爾夫球就可以利用太極十三勢來發勁，因為是放鬆且不用力地用意與勢來傳遞身上自然的能量至桿頭上，可以更精密地控制桿頭的能量，不容易因肌肉的緊張而產生偏差，也不會因為肌肉的疲勞而使整場比賽頭尾的成績有個天壤之別。

　　前輩高人說：「妙手一運一太極」，也就是說到了高手境界，每一圈動作中都可以蘊含完整的太極十三勢，而

且是「因敵變化示神奇」；但是對還沒通過招熟懂勁階段的初學者來說，卻是做不到這一點的，他們應該注意的是將每個動作的主要勁勢交代清楚，而不是奢談妙手一運一太極。所以，筆者特別將前輩高人所傳下來的太極十三勢基本功法列一專章，動作簡單且勢法明確，好讓學習者不要分心於招式的連接與勁道的變化，而專注於太極十三勢的開合與轉折。

　　合氣太極的初學者最重要的功課就是要放鬆，把心思放在認識自己，找到真正的本我，並去體驗自己與宇宙間的相對關係，進而體會自己本有的太極十三勢是如何不用力卻很有威力，而非急著要學招式與應用。等能完全掌握十三勢個別的動作、勁道與心法之後，更要把這十三勢帶到拳架、套路中練習，去體會太極十三勢的細膩變化。要練到在招式中勢勢相連，無有凹凸，無有斷續，最後帶入演武對練中，去體會能量的流動與太極的力與美，這才是正確的太極拳學習方法。

太極拳八法口訣

掤勁義何解。如水負行舟。先實丹田氣。次要頂頭懸。
全體彈簧力。開合一定間。任有千斤重。飄浮亦不難。
捋勁義何解。順其來時力。輕靈不丟頂。引導使之前。
力盡自然空。丟擊任自然。五弓自維持。莫被他人乘。
擠勁義何解。用時有兩方。直接單純意。迎合一動中。
間接反應力。如球撞壁還。又如錢投鼓。躍然聲鏗鏘。
按勁義何解。運用似水行。柔中寓剛強。急流勢難當。
遇高則澎滿。逢窪向下潛。波浪有起伏。有孔無不入。
採勁義何解。如權之引衡。任爾力巨細。權後知輕重。
轉移只四兩。千斤方可平。若問理何在。槓桿之作用。
挒勁義何解。旋轉若飛輪。投物於其上。脫然擲丈尋。
君不見漩渦。捲浪若螺紋。落葉墮其上。倏爾便沈淪。
肘勁義何解。方法有五行。陰陽分上下。虛實須辨清。
連環勢莫擋。開花捶更凶。六勁融通後。運用始無窮。
靠勁義何解。其法分肩背。斜飛勢用肩。肩中還有背。
一旦得機勢。轟然如搗碓。仔細維重心。失中徒無功。

　　以上是前輩高人留下來的心法口訣。讀者可以配合後
面太極十三勢裡的合氣太極心法及詳細說明，細心揣摩，
應可掌握此太極拳的核心功法。

　　（筆者對上述八法中的捋勁原文：「重心自維持」改
成「五弓自維持」。因為大部分的太極拳愛好者做捋勢

時，常常會有捋回自身的現象。這樣的修正，可以讓讀者能改正這個問題，也更合乎合氣太極的行功心法。）

　　至於五行、八卦的生剋與精奧內容，是太極拳最精彩的理論與鍛鍊方法，有心更深入瞭解太極之美的愛好者，應該用心研讀，但非本書的重點，有心精進的讀者可請教自己門內的師長或自行研讀中國歷代典籍。

　　「大道至簡」、「一開一合，拳術盡矣」，開合是太極拳更核心的功夫，而合氣太極十三勢也是建構在陰陽開合的基礎上。筆者用開合來解釋以下的太極十三勢，是為了給成千上萬，尚未瞭解太極拳陰陽開合廬山真面目的太極拳愛好者一個好的開始，因為在前一章陰陽開合裡的開合比較簡單，而招式、套路裡的開合卻又太複雜，以本書的篇幅實在無法詳細說明清楚；所以初學者應該在本章太極十三勢裡再加強熟練陰陽開合的操作與變化，等熟練了之後再以陰陽開合與太極十三勢來練習合氣太極套路則比較容易得心應手。

　　但是，等到招熟懂勁之後，在不違背拳經拳論的前提下，應遵循「道法自然」的原則，依照自己內氣鼓盪的感覺來做開合，否則就會有盡信書不如無書的問題發生。

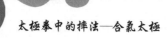

掤捋擠按

掤、捋、擠、按是太極拳中的四正勁，拳諺：「掤捋擠按需認真，上下相隨人難侵。」意即這四勢攻防具備，是太極拳最基本的招式，一切變化之母。常練，可以讓氣機循環於小周天，有益於身心的健康

讀者基本動作以及開合練習熟了以後，應該左右邊都練習。

圖例解說：

為了讓讀者看清楚演示者太極八法動作中的開合、纏絲，下面圖例左邊為正面圖，右邊為側面圖，請讀者配合參考。

0. **預備式**──兩腳跟與肩同寬，前腳尖向前，後腳尖開 45 度。左開。重心逐漸推向左腳。

1. **左開轉右合**——重心持續推向左腳，雙手向後迴盪，心氣一
　鬆內氣收斂至丹田。

2. **右合**——右肩持續迴盪，重心移至左腳，右肩合向左胯。

　　註 01. **掤**（Bing1）合氣太極心法：飄浮覆蓋尋中定。
掤勁的基本功，要像拿一件薄上衣，鬆鬆地蓋在情人的肩
上一般。

3. **右開**──內氣由丹田發出，分兩股。一股向下，沉落於左
   腳。一股向上托起右手。掤勁。

4. **右開轉左合**──重心過了中定，身心一空，內氣開始收斂入
   丹田。左肩與右胯相合。

5. **左合**——因左合之勢，重心推至右腳（左手左合不可超過自己的鼻尖）。掤勁轉挒勁。

6. **左開**——內氣由丹田發出，分兩股讓右胯與左肩相開，帶動左腳微微開腳。挒勁。

註 02. 挒（Lu3）合氣太極心法：漩渦柔化不丟頂。
挒勁的基本功，就像要移空油桶一樣，一手輕輕地鉤住邊

緣，帶動重心，一手輕輕地滾動圓周，使其傾斜且圓滑地滾動前進。這樣可以很輕鬆地捋出對手的勢，也才不會有捋到自身的情形發生。

7. **右合**──重心過了中定，內氣開始收斂入丹田。右肩與左胯相合。捋勁。

8. **右合**──重心推至左腳，右肩持續裡合(右手不超過鼻尖)。捋勁。

9. **右開**——重心由左推向右，左手與右手好似拉坯一樣，逐漸
　　順纏往右上凝聚。擠勁。

10.**左合**——重心過了中定，左肩合向右胯。擠勁。

11.**左合**──重心完全落於右腳，腰跨轉至正對右膝方向。擠勁。

　　註 03. 擠（Ji3）合氣太極心法：鬆肩凝固腰胯行。擠勁的基本功，要像國慶閱兵中撐著大旗的掌旗兵向典閱官敬禮一樣，手只是扶著旗桿，而旗子的前進主要是腰跨前送的力量。

12.**上開**──兩手逆纏相開。按勁。

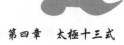

13.上開下合──兩手向後沉落，身形坐向後腳。按勁。

14.下合──兩手持續沉落，重心落至後腳。按勁。

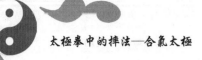

15.**後升前降**──意念由尾閭經背後往上升，胸腹相合。按勁。

16.**後升前降**──兩掌向下沉落。按勁。

　　註 04. 按（An4）合氣太極心法：全身鬆透樓下瞧。
按勁的基本功，全身鬆透，好似扶住欄杆往下看；是善用
體重鬆沈放在受方結構上，完全利用大自然的力量，可以
完全不用力而威力驚人。也唯有這樣，才能符合上述八法
口訣中：按勁運用似水行的描述。

17.**後升前降**──重心逐漸推至前腳，兩掌繼續向下沉落。按
　　勁。

18.**後升前降**──重心置於前腳，舒展指頭，意念要透指尖。按
　　勁結束，接動作 0。

　　以上四勢是以楊氏太極的攬雀尾改編而成。

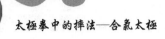
採捋肘靠

　　採、捋、肘、靠是太極拳中的四隅勁。通常採、捋用於對手的四肢進入我的內圈，而肘、靠則用於我的四肢進入了對手的內圈。

　　由於採、捋、肘、靠四隅勁的勁道初學者很難拿捏而很容易傷害拳友，在演武時必須非常小心地使用，絕不可在沒有教練的監督下練習。

　　讀者基本動作以及開合練習熟了以後，應該左右邊都練習。

0. **預備式**——前開。雙手往右前方盪起，收左腳與肩同寬。

1. **前合**——左腳收起，自然懸吊。重心完全落在右腳。

2. **左開**——退左腳，重心完全落在右腳。同時左手鬆開向左下
擺盪。採勁。

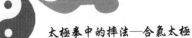
註 05. 採（Cai3）合氣太極心法：攀枝摘果全身退。
採勁的基本功，要有如採水果的感覺。左手拎住水果，右
手輕輕扶住樹枝，輕鬆地採下水果。此動取象如猴，動作
要如猴子般的輕巧刁鑽。此勢採用楊氏太極的「倒攆猴」
動作改編而成。

3. 右合──沈右肩，重心仍在右腳。採勁。

4. 右合──右肘垂直沉落，重心隨勢滑向左腳。採勁。

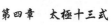

5. **右合**──右手沉落至右胯前，重心完全滑至左腳，左手隨勢
盪起。採勁。

6. **收右腳**──採勁轉列勁。

7. **右開**——右手與左腳相斥而往上飄起。捌勁。

8. **右開**——開右胯，退右腳。右手隨右胯逆纏而開。捌勁。

9. 右開──重心推至右腳，右手掌心向自己臉頰。挒勁。

10. 右開左合──轉腰跨、拍左掌並帶動左腳內扣。挒勁。

　　註 06. 挒（Lie4）合氣太極心法：旋腰轉胯獅搖頭。列勁的基本功，要像打蚊子一般，全身放鬆，兩手完全不能用力，隨著腰胯旋轉，輕鬆地交叉而過。此動取象如

獅，動作要如獅子搖頭般，以脊椎為軸，自然旋轉帶動兩
手交叉而過。此勢採用「撇身捶」動作2.～6.改編而成
（請參閱 P214）。

11.左合──兩手毫不用力地交錯而過。

12.左合──左手收回，順勢收左腳。捌勁轉肘勁。

13.**左開**——開左跨，退左腳，兩手掌心意氣相連。肘勁。

14.**左開右合**——重心沉落至左腳，兩肩、兩肘同步左轉，帶動
　　右腳尖內扣。肘勁。

15.右合──轉動腰胯，重心完全轉到左腳，兩肩與頭順勢向後
　　轉。肘勁。

　　註 07. 肘(Jhou3) 合氣太極心法：勞宮相對鬆肩轉。
肘勁的基本功，兩肩要能與腰胯完全鬆開，讓肩的旋轉
無礙，並因而帶動兩肘的勁道。此勢採用楊氏太極的「分
腳」動作改編而成。

16.右合──順勢收右腳。肘勁轉靠勁。

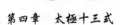

17.**右開**——身體下沈，右腳開步，落於右前方，兩手也同時往
　　下盪開。靠勁。

18.**右開左合**——重心滑至右腳，右手開左手合，需與右膝平行
　　方向。靠勁。

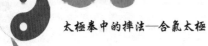
註08.靠（Kaou4）合氣太極心法：跨步卸擔勿失中。
靠勁的基本功，就像魚販肩上扛有魚貨，到達目的地前
幾步就快步卸下，讓魚貨在地面自行滑行到目的地一般。
靠要以全身的質量放出，不要想用身上的那個部位靠到對
手，更不可失掉自身的中定。此勢採用「金剛搗碓三」的
動作3.～6.改編而成的（請參考P254）

19.**左合**——重心完全落到右腳，左手合到右腳。靠勁。

20.**收左腳**——回到預備動作。

五形腳法

　　五行腳法是太極拳中最基本的腳法，配合太極八法，有意想不到的威力。

　　合氣太極是以保守為要，為了避免自身的不穩，或被對手撈到腳而一敗塗地，所以，合氣太極的腳法並不鼓勵高踢。

金　取其堅硬、尖銳之意。

【應用】：以膝蓋頂擊對手小腹、下盤等要害。

【例如】：金剛搗碓、掩手肱拳。

0. **預備式**—兩手平舉，雙腳　　1. 重心沉落右腳，兩手沉落。
　　成弓箭步。

2. 左腳碾地彈起，　3. 左腳膝蓋平舉，　4. 左腳鬆落。
　 兩手持續沉落。　　　 腳踝鬆垂。

5. 左腳持續鬆落，兩手上升。　　6. 左腳落地，回到預備式。

木　取其伸展、拌鎖之意。

【應用】：以腳側踢，或
　　　　以腳拌鎖對手
　　　　去路，或自身
　　　　退步等。

【例如】：雲手、金剛搗
　　　　碓，懶紮衣、
　　　　倒捲紅

0. 預備式。

1. 重心沈於右腳，左腳輕輕
　 提起。

2. 開腳，身體下沈於右腳，
　 左腳輕輕開向側後方。

145

3. 重心持續下沈，同時隨著氣在地面擴散時，左腳以腳底內沿著地滑開。

4. 重心持續下沈，左腳滑至定點。重心不可移動。

5. 左腳以腳跟著地開胯，腳尖外擺。

6. 重心逐漸推向左腳。

7. 重心移轉至左腳，收右腳。　8. 陰陽相生，虛實互換，開
　　　　　　　　　　　　　　　始另一側的木腳練習。

　　Note: 如樹木之特性，樹根往外延伸時，樹幹則毫不
移動。故此腳之特色是虛腳往外伸出時，重心要保留在原
重心腳。

水　取其澎湃、洶湧之意。

【應用】：以腳或膝擺盪，橫掃／擺踢對手下盤、腰際要
　　　　　害。
【例如】：擺連腿、十字腳。

0. **預備式**—兩腳鬆沈站立，
　　比肩稍寬。

1. 重心移到右腳，左腳腳掌
　　著地，微微煞住。

2. 鬆開左腳腳掌，順勢擺盪
　　至右腳之外側。

3. 左腳順勢劃弧提起。

4. 左腳藉勢彈回，與左手相
　 合於左側，以腳拍手。

5. 左腳持續劃弧擺盪下落。

6. 左腳落地。接動作 1。

149

火 取其火爆、閃燃、膨脹,轟然暴起之意。

【應用】:以腳翅踢、前踢對手膝、腳、下檔等要害,並
上步掤擠等。

【例如】:金剛搗碓、白鶴亮翅、掩手肱拳。

0. 預備式─兩腳成弓箭步,
右腳在前。

1. 重心落在右腳,左腳彈地
而起。

2. 左腳前踢,兩手下沈。

3. 腳不高踢,左腳借餘勢收回。

4. 重心落在右腳，左腳持續　5. 左腳收回，接動作 0。
　 下沈。

土　取其沉落、撼動、
　　中定之意。勢如大
　　石由山上滾落，其
　　勢險，其節短。

【應用】：震腳、沈按、
　　　　　上步靠等。

【例如】：金剛搗碓、
　　　　　閃通背。

0. 兩腳鬆沈站立。重心微微偏
　 向支撐腳。

1.勁沉落於支撐腳，虛腳起腳。

2.起腳不必強求有多高，完全是因支撐腳的沈勁而升起。

3.開胯，兩腳的腳踝都要鬆開。

4.全身鬆沈，虛腳下降。重心不可移出。（還留在支撐腳）

5. 全身鬆沈，震腳鬆落於地，支撐腳的內勁仍要貫串。

6. 因兩腳弓之彈力，全身彈回。放鬆任其自由彈抖數次而止。

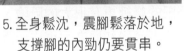

　　初學者震腳落地時千萬不可發出聲音，因為震腳是在練習鬆沈勁，而非以跺腳故意製造響聲。初學者要等對鬆沈完全掌握之後，才可在老師的指導下以鬆沈的震腳發出鞭炮般的聲音。否則容易造成膝蓋的傷害，未得太極拳養生之利，先得運動傷害。

丹　田

　　丹田分上、中、下三個丹田，因每個境界以及所練的功法不一樣，所以各家對下丹田部位的描述不一，有人指下丹田在會陰穴，有人指在臍下三吋，有人指在臍內一吋三，也有人認為整個肚臍周圍＋骨盆腔為下丹田；同理，各家對中丹田的描述也不一樣，有人指中丹田在肚臍深處神闕穴，有人指兩乳中間的膻中穴，也有人指在心窩的鳩尾穴。因為各個功法的修練都有很深的專業性與目的性，非本書的討論範圍，尤其上丹田的修練更有很大的風險，讀者千萬不可自行修練。而且筆者發覺初學者太專注於意守在某一穴道反而不利於整體的運作，故本書採用丹田是一個區域性而非單一穴道的練法：

　　下丹田：從肚臍一直到會陰穴整個骨盆腔的中間區域為下丹田，常常鍛鍊下丹田的運轉有助於下盤的穩定以及靈活運作。

　　中丹田：從胸口膻中穴一直到肚臍深處的神闕穴的整個腹腔為中丹田，常常鍛鍊中丹田的運轉有助於胸腹折疊纏絲，也有助意念在兩腎的抽換，有利於腑臟的內部按摩。

　　本書除非另有註明，凡稱丹田者，即指下丹田，請讀者注意。

第五章　合氣太極套路精解

合氣太極套路說明

合氣太極24式套路是一個以陳氏太極為主，楊氏太極為輔，共24式的短套路。筆者多年修習陳、楊兩家太極拳的心得發覺，有部分太極拳的愛好者不喜歡陳氏太極的套路，是因為陳氏太極的招式比較繁複，又有飛踢、開跨、下沈以及纏絲發勁等較嚴格的運動規範；其實這兩家的基本精神與用法都非常相近，更無強弱之分。會採用較多陳氏太極的招式，主要的原因有：

一、陳氏太極有許多招式及基本動作與合氣道的招式用法、用勁技巧相當接近，學員在坊間可以參考的招式用法資料較多，比較容易上手。

二、陳氏太極的開跨及轉身動作較大，比較容易與護身倒法結合，學員比較容易練好合氣太極演武。

三、陳氏太極對招式細節的處理比較細膩，有較多開門、入身、破勢的小技巧，對還沒能力將對手引進落空的初學者而言，陳氏太極的招式比較容易應用。

但陳氏太極有些彈抖勁、空中飛踢等爆發性強的招式或死、殘等手法，不符合現代人養生、運動的要求，以及

合氣太極安全護身的理念，更怕有些新手在初學一些「殺招」之後躍躍欲試，一個不小心造成對手傷殘；所以合氣太極 24 式套路必須將傳統太極中比較兇殘的招式稍做修正或以其他家太極相對應的招式取代之，所以合氣太極已經相對的溫和許多了，也就沒有不可以外傳的問題。但合氣太極並非另創招式與套路，所以讀者不必擔心學習此一套路有何困難，或將來學習其他家套路時會有格格不入的問題。

若已經學過其他家套路而不想再學另一套路者，也可以將本書列為參考書籍，將書中太極十三勢與開合的觀念或所用的手法轉入自己原先熟悉的套路中。但筆者強烈的建議，最好不要選擇這種繞遠路的方法，合氣太極 24 式是本協會聚集了陳太、楊太、擒拿、警用逮捕術、合氣道、柔道等各方面的高手，共同研討了將近五年才定案的太極拳濃縮精華版，其間並有許多年輕的武術練家子可供驗證。其中考慮了安全、實用、易學、護身、藝術性等通通要有一定的水準。如果不是時間、空間、機緣剛好把這群武癡聚集在一起，要另外聚集一批這樣的高手重來一次，所需的人力、物力恐怕不是一般團體所能負擔的。

合氣太極 24 式雖然很短，但對從來沒有練過太極拳摔法的初學者而言已經足夠了，因為除了書上的用法之外，每招都還有 5 ～ 10 種以上的變化，讀者千萬不可貪多、貪快而不細心揣摩這個套路與招式。因為不管哪一家的太極拳，不管有幾式，真正的核心只有太極十三勢，而且這十三勢還可以歸納為無極、陰陽、開合與纏絲勁幾個

原理原則，而要體會這幾個原理原則都是著重於感覺的鍛鍊，感覺對了，則無極、陰陽、開合、纏絲無不順遂；而無極、陰陽、開合、纏絲對了，則太極十三勢才有可能練到自然流暢，而且威力無窮，所以讀者如果能將這24式太極拳的精髓練熟且融會貫通，應該就可以應付大部分的危機了。因為「一招熟，勝千招有」，學武最怕樣樣通、樣樣鬆，遇到緊急狀況時，通通用不上來，甚至把自己推到更危險的境界裡去。

而且合氣太極24式也是太極拳最基礎的技法，熟練了這些基本技法，可以為合氣太極節、拿、抓、閉的高階課程做好準備，否則身法不好，鬆柔的觀念不對，勁路感覺沒有抓到，練起節、拿、抓、閉只會學到外型而很難練到真髓；與其最後還是要從頭來學好基本功法，倒不如一開始就按部就班、腳踏實地地把合氣太極基本功法學好。

讀者練習這個套路最好能選擇一個氣感佳、空曠且安全的地方練拳，而且每次要打三遍以上。

第一遍 任意打──就把它當熱身運動，不要拘泥於高低、方位、順序，有不順的地方也可以重來個幾次，重點是要引發內氣的鼓盪與轉折的流暢，以及將思緒沈澱下來，體會身心深層的寧靜與無極的感覺。

第二遍 照規矩打──合氣太極每招每動都有其設計的目的，唯有參照太極十三勢的原理，靜心揣摩，才能勁貫招中，功夫也才會進步神速。

第三遍 照意打──想像招式用法，練時無人似有人，用時有人似無人，做好您自己，練久了，您將會有新

的發現（此時真的能拳打萬遍，其理自現）。

　　但不管你是第幾遍，合氣太極練功心法的基本原則「身心無極，五弓混元」是不能改變的。

　　「人法地，地法天，天法道，道法自然。」在中國古代哲學思想裡「有無」、「陰陽」、「太極」是所有事物運行的根本，稱之為「道」。因為「道」是無所不在、是合乎自然的，合氣太極既以太極為名，其本質當然也脫離不了這個「道」，所以練習本套路之時，一切都要以自然為師。因為每個人的身高、體重、氣的強弱以及發勁的種類都有所不同，所以不必強求與示範者有相同的高度、速度與角度，而是應該向自己學習，聽自己陰陽開合、內氣鼓盪的感覺而行拳，凡覺得動作不順、遲重、凹凸、內氣中斷時，即表示自己的拳架有問題，即應回歸到最基本的功法中，放鬆身心，找回五弓無極的感覺，放慢速度，縮小動作，並以招式中敵應用時所對應的時間、空間、對手反應，以及氣的流暢度等，多多揣摩不順的動作或招式，慢慢的應可得心應手。

　　幾乎沒有一本太極拳的書，可以把招式中每一動作的勁道一一羅列出來，主要原因是如前輩高人所說：「妙手一運一太極」，也就是說每一圈動作中都可以發出數種勁道，而且是「因敵變化示神奇」，所以要將每一動作的勁道剖析得一清二楚幾乎是不可能的任務。但是如果完全不講，則初學者沒有一個範本可以依循，就很難讓太極拳的愛好者由招熟，進而懂勁，當然也就更沒有機會階及神明了。為了不讓太極拳的武術之美，淹沒在人們的記憶中，

所以這雖然是個很艱鉅的工作，在本書套路的說明中，還是盡可能地將每一動作的主要勁道列出來，以供讀者在記住招式動作之後，做進階的研習之用；等讀者將這些主要勁道練熟之後，再去體會因敵變化的妙處。

Note: 本書除了將每一動作的主要勁道列出之外，筆者也嘗試用陰陽升降、出入、開合來敘述套路中的動作要點，這也是一個極大的挑戰，因為太極拳的應用千變萬化，況且每個人因為自身條件的不同，再加上招式用法、用勁、氣機轉折有所不同而會有不同的體悟，絕對不是這麼簡單且硬梆梆的說明可以完整的呈現太極拳的內涵。

預備式—無極式

『練拳需從無極始，陰陽開合認真求』

01. 虛靈頂勁，收視返聽
02. 舌頂上腭，下巴微收
03. 沈肩墜肘，十指微攏
04. 含胸拔背，虛胸實腹
05. 命門呼吸，鬆腰落胯
06. 尾閭前收，小腹輕提
07. 圓襠圓膝，十趾鋪地
08. 意達湧泉，忘卻鼻息

Note: 無極式是要在身心放鬆中還維持有彈性，保持隨時都可以行動（化、打、踢、拿）的鬆沈，不可以像根

棒子一樣站死，也不是鬆垮垮的毫無結構支撐的樣子。
（細節請參考本書第二章—基礎功法）

0. 開太極

由無極之渾渾沌沌、無形無相的狀態，藉由身體的鬆
沈，進入氣機鼓盪、內含陰陽的太極狀態，故名「開太
極」。在合氣太極裡，這算是第0招。此式與起式合為一
式。

Note: 手腳的順逆纏絲—請參閱本書第二章纏絲勁。

0. 預備式──身心放鬆。

1. **右降**──身形微微下沈，坐
於右胯。意念於右半身反
串而上升。

2. **左升**──左腳的提起是因上
一動作右降而上升的。

3. **左開**──將左胯打開。

4. **左開**──左腳落地約與肩
寬，應以腳掌著地，並與
身體平行。

5. 左腳跟逐漸落地。

161

6. 重心逐漸推向左腳。並引導此意念
   沿著順纏方向在左腳盤上纏繞。

Note: 動作 2 左腳的上升，是隨動作 1 右降的意念強
弱而定，不必拘泥於抬腳的高度。

7. **右合**──重心持續推向左
   腳。

8. **右合**──重心移至左腳，以
   右腳跟著地、關右胯。

9. **右合**──將右腳輕輕扣上，兩腳平行，並引導此意念沿著逆纏方向在右腳盤上纏繞。

10. **歸丹田**──全身隨著氣機鼓盪出入、清昇濁降，外形回歸無極，但內部氣機鼓盪而充滿四肢百骸，蘊含太極。

1. 起　式

　　起式內含掤、擠、捋、按四正勁。是太極拳最基本的招式，一切變化之母。

　　常練起式，氣機循環於小周天，可以練氣、讓心神寧靜，非常有益於身心的健康。

0. 接上勢。

1. **外升內降**──意念下沈，引
   導兩手上掤，掤手並非自己
   出力把手提起。掤勁。

2. **外升內降**──因內有鬆沈
   之意，鼓盪能量，帶動兩
   手往上漂浮。

3. **心手相開**（前伸後倚）
   ──擠勁的產生，也不是
   自己發力擠出。

4. 而是因為身有後倚的意
念，胸前的雙手因有依靠
而自然擠出。擠勁。

5. 出——亮勞宮，氣透指
尖。擠勁。

Note: 勞宮穴——於
手掌中心位置，是人體血
氣最旺的穴道之一。也是
初學者檢查自己手有沒有
意到氣到的重點穴道之
一。

6. 入——勢有迴盪，意氣一
鬆，收回勞宮。捋勁。

165

7. **心手相合**──將意念放在心
　口，挒勁自然產生。挒勁。

8. **心手相合**──意念收回至
　壇中穴。挒勁。

9. **內升外降**──意念由尾閭
　往上升起，導引兩掌向下
　沉落。按勁。

10. **內升外降**──兩手持續下
　落，手腕要鬆，按勁。

11.**全身鬆透**──外形歸無極，內含太極。

Note: 初學者練習起式的重點是在鼓盪內氣，及掌握
練拳的節奏。讀者做完此動之後，若還無法掌握內氣及節
奏，則起式可以多做幾次，以確定掌握了情境才往下練習
套路。並將這個感覺，貫穿於整個套路練習之中。

有人說：看完起式，就知道後面值不值得再看了。蓋
因起式內含太極拳最基礎的掤、捋、擠、按四正勁，以及
陰陽、開合基本功法的體現，故起式打不好，後面的招式
大概也很難打好。

2. 金剛搗碓

此式因最後有類似金剛搗杵的動作，故名「金剛搗
碓」，也暗示著此招的威力強大。

0. 接上勢。

1. **左開**──掤勁。

2. **右合**──掤勁。

3. **右開**──意念鬆沈到左腳，右跨打開，牽動右腳開腳。掤勁。

4. **右開**——因為開跨而讓身
　　體右轉，千萬不要扭動左
　　膝。将勁。

5. **左合**——重心落在右腳。
　　擠勁。

Note: 開腳——以腳
跟為軸，以順纏向小腳趾
方向打開。開腳時要把意
念放在開胯；胯沒打開，
光把腳打開，會影響發勁
的方向、力道及身形的穩
定；而且胯沒打開，就常
常會以扭膝來轉動身軀，
很容易扭傷實腳的各個關
節。

6. **左合**——左腳碾腳。擠勁。

Note: 碾腳——以腳掌為軸，腳跟輕提，轉動腳跟為碾腳。通常是為了改變身體方向及取得上步或前踢的動力。

7. **上開下合**（心手相吸）
　　——提左腳。将勁。（金腳）

8. **右開**——右手往右前方開，手掌向右下。（木腳，注意重心仍在原地）。掤勁。

9. **左合**——左手往右膝方向合。掤勁。（木腳，注意重心仍在原地）

10. **下開上合**——兩手左逆右順下沈。左胯打開，帶動左腳開腳。採勁。

11.**左開**——重心推向左腳，左手左腳齊開，右掌留在右膝上方。捋勁。

12.**左開**——重心落在左腳，左手成掌平切至左腳尖上方。捋勁。

13.**右合**——右胯合帶動右腳微微內扣，身微左轉，左手隨身形帶回。捋勁。

14.**右合**——碾腳上右腳，以腳掌落於右前方。左右手隨身形互捋，左手護於右肘內。捋勁。（火腳）

15.**右升左降**──擠勁。右手指尖朝上穿掌，左手掌下沈。擠勁。

16.**右升左降**──穿掌肘勁。

17. **鬆沈**──左手順纏掌翻下沈，右手逐漸握拳下沈。採勁。

18. **鬆沈**──右手握拳順纏落於左手掌中。採勁。

19.**左降右升**——右腳與右手
　　因意念沉落於左邊而向上
　　升起。擠勁。

20.**右開**——開胯。與 19 動合
　　起來，就是合氣太極的水
　　腳，擠勁。

21.**右降左升**——左腳意念往上
　　升，右腳掌輕輕平落，兩腳與
　　肩寬。沈墜勁。（土腳）

22.右拳同時落於左掌中。
　　沈墜勁。（土腳）

Note: 動作 19 ～ 20 並非自己舉手、舉腳，而是因意念往左腳內側下降，自然會帶動右側之手、腳上升，如此身體左右平衡，人就不會有搖晃之感。這樣由意念帶動軀體的練法，正是合氣太極練氣養生的心法。動作21 的原理一樣，方向相反。

Note: 震腳——許多陳氏太極的愛好者，看到一些

23. 太極還原。

陳氏的前輩震腳都像放鞭炮一樣，碰然有聲；誤以為那是發力踩腳所發出的聲音，於是猛力的往地上踩踏；其實此動外型與踩腳很相似，但練法卻剛好完全相反，此勁發的是沈墜勁（土腳）——原先提起之腳，隨著身體的鬆沈順勢落地，是因鬆柔放勁而自然地發出聲音，而非發力踩腳。猛踩猛踩，既練不到功力，又傷膝蓋，千萬不可為了追求音效而造成終身遺憾。

所以初學者在落地之時，重心務必要維持在原來的支撐腳上，讓右腳輕輕放下，絕對不可發出任何聲音；要等完全掌握此動鬆沈、升降的訣竅之後，再讓其自然震腳放勁而發出巨響。身體虛弱者或老年人，初練此動，只要提至腳跟離地即可，只要把意念與丹田的升降與開合做好就可以了。

Note: 金剛搗碓把太極八勁、五行腳法通通應用上

了。所以陳家溝有一句俚語:「會不會,金剛大搗碓。」也就是說,看了金剛搗碓之後,就知道此人對太極拳懂多少了。

Note: 合氣太極24式中金剛搗碓共出現三次,每一個金剛搗碓的接手、開門、破勢、入身的動作皆不一樣,初學者可以把前半部接手～入身的動作當成一個招式來練。從動作13之後則練法一致,讀者可以把這部份分開練好,就不會有太長不好記的困擾。

3. 懶紮衣

是指此式橫向開腳,不用紮起衣服下擺即可完成,且此式結尾時,左手有類似撈起下擺,紮在腰帶上的動作。故名「懶紮衣」。

0. 接上勢。

1. 餘勢不斷,帶動丹田內轉。

2. **左開右合**──重心在左，右
　拳變掌，往左下方穿掌。
　擠勁。

3. **右開**──右手逆纏而上。
　掤勁。

4. **左合**──左手貼於右手臂，
　逆纏而左合。

5. **雙開**──重心在右，兩手
　皆逆纏輪轉而開。掤勁。

6. **雙開**──兩手持續逆纏而開，挒勁。

7. **下沈**──重心在右，微開左腳，兩手持續逆纏劃弧輪轉。

8. **雙合**──重心移向左腳，兩手順纏劃弧輪轉。

9. **後開前合**──重心沈在左腳，兩手輪轉，往中軸線雙合。捌勁。

10.後開前合——收右腳，兩
手持續雙合。挒勁。

11.後開前合——兩手持續雙
合。挒勁。

12.下開上合——重心下沈在左
腳，右手持續向左合，右腳
往右側滑地而開。木腳。

13.右合——右腳著地，左
腳推向右腳。擠勁。

14.**右開**——重心持續推向右
　腳，左手合向右胯。擠勁。

15.**左合**——左手鬆沈，右
　手隨勢輪轉。捋勁

16.**左開**——重心下沈。按勁。

17.**右合**——重心右腳與左腳
　六四分，右肘持續下按，
　左手插腰。按勁。

4. 六封四閉

此式上手可封六面，下手可閉四肢。故名「六封四閉」。

0. 接上勢。

1. **右開**──丹田之氣分上下，分往左腳與右掌，右手先順後逆纏地劃弧掤向右前方。掤勁。

2. **左合**──左掌合往右前方。掤勁。

3. **下開上合**──開左胯重心下沉，雙手往下沈採。採勁。

4. **左開**──全身鬆沈，重心
左移。採勁。

5. **右合**──重心移至左腳。
捋勁。

6. **外升內降**──掤勁。

7. **外升內降**──掤勁。

8. **內升外降**──兩手鬆落至胸前。重心移至右腳。按勁。

9. **內升外降**──雙手繼續沉落，左腳劃弧跟步，以腳掌著地，與肩同寬。按勁。

Note: 合氣太極的按，動作上是向下按，與單槓的上槓的概念完全一樣；是善用體重鬆沈放在 Uke 結構上，完全利用大自然的力量，可以完全不用力而威力驚人。而且在發按勁之時，全身鬆透，更容易感受到 Uke 的氣勁流向，不影響聽勁的細膩度。也只有這樣，才不會用力過度，造成受方的傷害。

10. **內升外降**──全身鬆沈。按勁。

5. 單　鞭

陳氏歌訣：「單鞭一勢最為雄，一字長蛇劃西東…」
此式取象為蛇，如皮鞭之柔軟與毒辣。故名「單鞭」

但陳氏太極的「單鞭」比較多打擊技，合氣太極是以
安全為要，所以採用了楊氏太極的單鞭。

0. 接上勢。

1. **左開**──雙手逆時針方向提起，
左胯與左腳微開。掤勁。

2. **左開**──左腳落地，雙手
持續劃弧。掤勁。

3. **右合**──重心落在左腳，
右手合往左腳。掤勁。

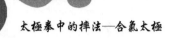

4. **右開**——全身鬆沈至左腳，右手成勾手鬆沈而開。採勁。

5. **右開**——重心推向右腳，右手鬆落，左手鬆沈向左腳。採勁。

6. **左合**——重心持續移動至右腳，左手合往右腳，右勾手順勢上提。採勁。

Note: 勾手—五指捏攏，撮成尖形，放鬆腕關節，形成自然弧度，讓氣能通達指尖。切忌上翹或形成死彎。

7. **左合**──左手沈落至右腳
　　前方，右勾手提至右前
　　方。捌勁。

8. **左合**──收左腳，左手順纏
　　穿掌與右手平行，右勾手順
　　勢提至與肩平。捌勁。

9. **左開**──開左腳，左手持
　　續劃弧逆纏而開。肘勁。

10.**左開**──重心由右腳推到
　　左腳，左手逆纏而開至左
　　腳上方。靠勁。

11.**右合**──右手鬆沈，左腳　　12.**右合**──整個右半邊向前
　　膝部不可超過湧泉穴。靠　　　　合，右腳順勢扣腳。靠
　　勁。　　　　　　　　　　　　　勁。

　　Note: 此式要特別注意的是：左右手的指尖都要以氣
貫串，尤其右手的腕關節要圓順，不可故意彎出角度，以
免妨礙內氣的貫串。

　　Note: 扣腳──以腳跟為軸，腳掌往內（腳踇趾方向）
旋轉，整個半身都會向內合。

6. 金剛搗碓

　　第一個金剛搗碓以掤、挒兩勁接手，此式則以捌勁接
手，比較容易造成受方的傷害，演武時要特別小心。但是
此式顯得比較乾淨俐落。

0. 接上勢。

1. **全身鬆沈**——右勾手往左
前方順纏而下。捌勁。

2. 右勾手變掌，兩手相合。
捌勁。

3. **右開**——重心逐漸推移至
右腳。捋勁。

4. **左合**──重心持續右移。
   掤勁。

5. **下開上合**──意氣下沈，重
   心在後腳，左跨打開。採
   勁。

6. **降**──重心逐漸推向前
   腳。採勁。

7. **左開**──右手下沈，左手
   平切向左。挒勁。

8. **左開**──重心移到前腳，左
手平切至左腳上方。靠勁。

9. **右合**──合右胯，左手隨
身形帶回。火腳。

10.**右合**──右腳上步，腳掌著
地。右掌順勢向前穿掌，
左掌護於右肘上方。捌勁。

11.**右合**──擠勁。

12.**外升內降**──穿掌 。

13.**前降後升**──右手慢慢握
拳下沈，左掌隨勢順纏下
沈。採勁。

14.**前降後升**──右拳落於左
掌中。採勁。

15.**左降右升**──重心下沈於
左腳，帶動右半身上升。
擠勁。

16.**左降右升**——右手上升至
　與下巴平，右腳上升至與
　跨平。擠勁。

17.**開胯**——與動作 16 合在一
　起就是合氣太極的水腳。

18.**右降左升**——重心不可偏向
　右邊，沈採。沈墜勁。請
　參閱第一個金剛搗碓

19.**右降左升**——震腳，右拳
　同時落於左掌中。土腳。
　沈墜勁。

191

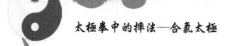
7. 白鶴亮翅

此式有三次如鶴搧翅的動作，且最後定式時，把前腳微微提起，如白鶴獨腳探爪之姿。故名「白鶴亮翅」。

0. 接上勢。

1. 丹田纏繞。

2. **左開右合**——重心落在左腳，右手向左下方穿掌。擠勁。

3. **右開**——重心推向右腳，右手劃弧向上掤起。掤勁。

4. **左合**──重心落於右腳，左手劃弧掤向右前方，右手隨勢向右前方。掤勁。（右亮翅）

Note: 陳氏太極相對應的招式是「白鵝亮翅」，動作取象是白鵝，但殺氣較重，受方不容易做護身並做出藝術的美感；以現代人追求養生與防身的觀念裡，倒不如楊氏的白鶴亮翅在應用上比較溫和與實際，故合氣太極改用「白鶴亮翅」為標準動作。

5. **左開**──重心下沈於右腳，左手順勢繼續下落，帶動左腳往左側開一小步。捋勁。

6. **左開**──落左腳，左手沉落於左胯前，右手鬆沈。捋勁。

7. **右合**──重心推向左腳，右
手合向左胯，左手持續盪
開。捋勁。

8. **右合**──收右腳，腳掌於左
腳右側點地，同時帶動右掌
收於丹田之前。捌勁。（左
亮翅）

9. **右開**──上右步，以腳跟著
地落於右前方，右手逆纏上
提。擠勁。

10.**左合**──重心順勢推到右
腳略成弓箭步，兩手逆纏
合於胸前。擠勁。

11.**上開下合**——左右兩手成
　　開勢。左腳順勢上步，以
　　腳掌點地，與右腳略成內
　　八。捌勁。

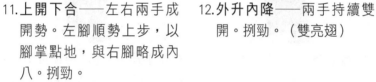

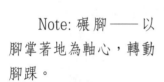

12.**外升內降**——兩手持續雙
　　開。捌勁。（雙亮翅）

　　Note: 碾腳——以
腳掌著地為軸心，轉動
腳踝。

　　Note: 白鶴亮翅可
分上步白鶴亮翅與退步
白鶴亮翅兩種，攻防的
概念不一樣，在此採用
上步的白鶴亮翅。

13.**內升外降**——重心下沈於右
　　腳，左腳碾腳，身體隨勢轉
　　正，如鶴獨腳探爪之姿。

8.斜　行

　　此式取象為牛，是以自己低頭斜身牴人，狀似奔牛，觸者即飛。故名「斜行」。

0. 接上勢。

1. **右降左升**──重心持續沉落於右腳，身體隨勢右轉，右手持續沉落，左手上揚。捌勁。

2. **右開左合**──身體持續右轉，右手持續鬆落，左手提至左肩前。将勁。

3. **右開左合**──身體轉至 90度，右手盪開。将勁。

4. **左合**——左手合向中線，右
　　手持續劃弧盪開。捋勁。

5. **後開前合**——右掌上提至右
　　肩上方，左掌下按。掤勁。

6. **右降左升**——右掌合至右耳
　　後上方，左腳收回與右手
　　合。掤勁。

7. **下開上合**——上半身一沈，
　　左腳同時滑地開向後方 45
　　度角。擠勁。

8. **左開**──左腳落地後以腳跟
為軸，向左邊開胯。帶動
左半邊向左開。靠勁。

9. **左開**──重心繼續向左，
以腰背旋轉帶動左勾手通
過左膝內側。靠勁。

10.**右合**──持續轉腰，右腳扣
腳，帶動右掌推出，左勾
手上提。靠勁。

11.**前開後合**──兩手逆纏展
開。捋勁。

12. **下沈**──鬆肩墜肘，兩手鬆沈下墜。靠勁。

Note: 此式取象為牛，以兩手、兩肘如牛之兩角俯衝以角挑人，在陳家溝有七吋靠之練法，身法極低，所以動作 7～9. 年輕人要以左肘通過左膝內側為要求。此式絕不可與單鞭混為一談（單鞭取象為蛇）。

Note: 動作 10～12. 胯要轉正（丹田方向與左膝＆左腳尖平行）。

9. 摟　膝

此式是以摟住對手的腳、膝後，將對手擠出，使其後仰翻出。故名「摟膝」。

0. 接上勢。

1. **外降內升**──兩手下降，按
勁。

2. **後開前合**──兩手摟住左
膝兩側。

3. **上開下合**──兩手左前右後
合於丹田之前，後坐，重
心下沈。掤勁。

4. **外升內降**——左腳撤步，
雙手捧至胸前。掤勁。

5. **心手相斥**——雙手微微前
送，吐氣。擠勁。

　　Note: 撤步—重心
腳在後，將前面之腳收
回，以前腳掌點地，落
於重心腳斜前方約一肩
寬。

10. 拗　步

　　此式是以拗折對手
的腰、腳，讓對手後
翻出去為準。故名「拗
步」

0. 接上勢。

1. **下沈**──兩手往右鬆沈。
採勁。

2. **右開**──重心沈在右腳，
兩手持續下沈。採勁。

3. **左合**──左手合至丹田前，
收左腳。採勁。

4. **左開**──重心完全落在右
腳，推動左手劃弧而上，左
腳順勢上提。掤勁。

5. **左開**——左腳向左開，左肘逆
　纏開至與肩平，右手順勢上
　提至肩上。掤轉擠勁。

6. **左開**——左轉身，重心
　推向左腳，左手逆纏前
　推至正前方。擠勁。

7. **右合**——持續轉腰，重心落
　在左腳，左掌前按，右掌前
　推，右腳內扣。按勁。

8. **右合**——持續轉腰，右手
　推至與肩平，左手順勢下
　沈至左胯旁。按勁。

　　Note: 最後定式時，胯要轉正（肚臍方向與左腳尖方
向同）。

11. 掩手肱拳

最後以拳、肘或大臂內肘擊打對手，並在出拳之前，有轉身藏拳蓄勁的動作。故名「掩手肱拳」。

0. 接上勢。

1. **右合**──右手往左腳鬆沈。捋勁。

2. **心手相吸**──兩手往丹田合，右腳同時上步，以腳掌點地於左腳右側，成內八形狀。捋勁，火腳。

3. **右開**──身微右轉，右腳碾腳。兩手抱拳上提。

4. **右開**──右腳開步，右轉 90 度。擠勁。

5. **左合**──重心移至前腳，兩手提至胸口。擠勁。

6. **左合**──後腳內扣，兩手前擠。擠勁。

7. **上開下合**──重心落在右腳，兩手逆纏收回。捋勁。

8. **上開下合**──重心落在右
  腳，兩手逆纏落在兩側，
  同時左腳往上合，為金
  腳。挒勁。

9. 鬆沈至右腳，左腳鬆落，
  兩手劃弧往上。

10.**下開**──左腳劃弧往左
  開，落向左側。

11.**上合**──兩手內合。挒勁。

12.上合──兩手在右前方合
　　抱。挒勁。

13.**右開左合**──藏右拳。右拳
　　以順纏收於右腰旁，拳眼向
　　右。左掌隨勢內收。将勁。

14.**左開**──扭腰轉胯，重心
　　推向左腳，左掌向腰間沉
　　落，右拳逆纏帶出。

15.**左開右合**──右腳內扣，轉
　　腰出拳，右拳逆纏而出，左
　　手順纏收於腰側。肘勁。

16. 右合──持續轉腰出拳，右拳以鬆
　　沈不伸直的方式擊出。挒勁。

　　Note: 肱骨為手大臂骨頭，所以肱拳是指用內肘打擊
對手。

　　Note: 如果在肘關節打直的時候遭受反關節攻擊很容
易發生脫臼、韌帶斷裂等重大傷害，所以合氣太極要求不
可隨意打直四肢。如有因動作隨勢打直，必須盡量縮短時
間，絕不可停留在當時的狀況。

12. 回頭金剛搗碓

　　此式得勢後，要對手回頭望月，背向自己。故名「回
頭金剛搗碓」。

0. 接上勢

1. **右降**——右半身沉落，合向
左胯。

2. **左升**——左手上提，合在
右肘上方。

3. **右開**——左腳後跟著地，
推動右肩打開，左手在原
地鬆落。掤勁

209

4. **右開**──左腳隨右肩的開
   勢旋轉扣腳，左手在原地
   鬆落。掤勁。

5. **右開**──右手持續輪轉。
   掤勁。

6. **前開後合**──重心在左腳，
   右腳向右後方劃弧，右手
   持續劃弧向右，左手留在
   原地。掤勁。

7. **前開後合**──右腳劃弧至右
   後方，右手劃弧向下，左手
   隨勢輪轉向上。捋勁。

8. **後開前合**——雙手持續輪轉。捋勁。

9. **右合**——右腳上步，右掌順勢向前穿掌，左掌順勢下沉，護於右肘上方。挒勁。

10. **外升內降**——擠肘勁。右手指尖朝上穿掌，左手掌下沈。挒勁。

11. **外升內降**——右手穿掌過眉。挒勁。

12.**鬆沈**──重心下沈，右手
　　逐漸握拳下沈，左手順纏
　　翻掌下沈。採勁。

13.**鬆沈**──右手握拳順纏落
　　於左手掌中。採勁。

14.**左降右升**──右腳與右手
　　因意念沈落於左邊而向上
　　升起。擠勁。

15.**左降右升**──開胯，右腳
　　踝要鬆開。水腳。

16.**右降左升**——重心在左，左腳意念往上升，右腳掌輕輕平落，兩腳與肩同寬。沈墜勁。（土腳）

17.**丹田提放**——全身鬆放，右拳落於左掌中。沈墜勁。（土腳）

13. 撇身捶

　　取象如大象搖頭，把長長的鼻子甩來甩去，最後最後一動則如捲麻花般，撐動全身。是太極拳中很有效的擒拿＆摔法。

0. 接前勢。

1. **外升內降**──丹田內轉，
身形隨之波動。

2. **外降內升**──心氣鬆開，沈
肩墜肘，兩手自然鬆沈擺
盪。掤勁。

3. **外升內降**──隨意念的鬆
沈，兩手在兩側往上掤
起。掤勁。

4. **外升內降**──重心落於左
腳。掤勁。

5. **下開上合**──重心下沈，右
   腳往右外開半步，雙手往
   內合。捌勁。

6. **兩手相合**──重心回到中
   間，兩手交叉成十字。右
   掌在內左掌在外。捌勁。

Note: 動作 3 ～ 4. 的兩手不可超過視野的邊緣。

7. 腰勁下沈，兩手在平面撐
   圓。

8. **左開右合**──腰向左轉，
   重心左移，右掌往前穿
   掌，左掌鬆沈向左開。

9. **左升右沈**──重心下沈，
右手以肘領勁下沈，左手
劃弧上揚。

10.**右開**──腰向右轉，重心
擺盪回中間，右手鬆沈下
擺，左手隨勢回來。

11.**左合**──繼續轉腰，重心並
逐漸移轉到右腳，左手內
合，右手擺盪至右膝上方。

12.**右升左沈**──左下右上
兩手交叉，左手以肘領
勁下沈，右手上揚。

13.**左開**──腰向左轉，重心
　擺盪回中間，左手下擺。

14.**右合**──繼續轉腰，重心逐
　漸轉到左腳，左手順勢擺回
　左膝上方，右手內合。

15.**右合**──持續轉腰，右手
　合至左膝內側上方，同時
　左手逆纏滑向左後方。

16.**右開**──右手由掌變拳鬆
　沈於左膝上方，左手變拳
　順纏捲回身側。

17.**右開左合**——腰向右轉，
重心右移，右拳順勢逆纏
而開，左拳逆纏插在左胯
上。

18.**右開左合**——左腳內扣，身
體擰轉如捲麻花，右拳、視
線、左肘、左膝、腳尖要在
同一平面上。

Note: 撇身捶 17 ～ 18
動的捲麻花身形，有的太極
拳家改以左肘的向前發勁擊
打，但合氣太極的演武以擒
摔為主，不發勁擊打。

14. 青龍出水

此式中，右拳如龍之飛
舞，三次在丹田氣海之前進
出，如飛龍在水面翻騰。故
名「青龍出水」。

0. 接前勢。

1. **左開右合**——全身由捲麻花，伸展而開，身體回正，右手順纏下沈。

2. **左開右合**——重心由右逐漸推向左邊，左手順纏而開，右手順纏鬆沈而下。

3. **右沈左升**——重心移至左方，右手持續下沈至右胯前，帶動左手上升。

4. **後開前合**——右拳繼續落下，落到丹田之前，左掌向右斜斜推出。

219

5. **右升左沈**──重心逐漸由左
   推向右，右拳順勢逆纏提
   起。

6. **丹田鼓盪**──重心持續右
   移，帶動右拳繞著左掌，
   從左手內側提起。

7. **右沈左升**──重心移至向
   右腳，右拳繞過左掌。

8. 重心完全鬆沈於右腳，右拳
   順纏砸拳鬆落於右膝前方。

9. **丹田鼓盪**——重心推回左
　腳，帶動右拳反彈而起。

10. **後開前合**——重心落在左
　腳，雙肩捲蓄，右拳順勢
　合向胸口。

11. **後開前合**——重心下沈，
　雙肩捲蓄，右拳順纏沉落
　於左手臂上。

12. **前開後合**——重心逐漸推
　向右邊，右拳從左臂內側
　逆纏滑落。捌勁。

13. **前開後合**——右拳持續鬆落，左掌開至左腰。捌勁。

14. **丹田內轉**——以脊椎為中心，如金獅抖毛，帶動右拳持續鬆彈至右膝上方，左掌鬆彈至左胯旁。捌勁。

Note: 青龍出水動作 11 ~ 14. 有許多練家子喜歡打沈墜勁。但合氣太極打的是彈抖勁，這樣演武時比較容易接下一招的雙推手，也相當實用。

15. 雙推手

此式最後以雙掌平推為其特色。故名「雙推手」。

0. 接前勢。

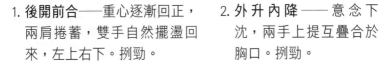

1. **後開前合**──重心逐漸回正，
   兩肩捲蓄，雙手自然擺盪回
   來，左上右下。捋勁。

2. **外升內降**──意念下
   沈，兩手上提互疊合於
   胸口。捋勁。

3. **前開後合**──重心右移，
   兩手同時對拉而開，肘勁。

4. **右開左合**──重心下沈，兩
   手逆纏掤向右前方，掤勁。

5. **左開**──左手掤圓逆纏向
　左捋帶。捋勁。

6. **左開**──左半身繼續開，
　左腳跟著地開腳。捋勁。

7. **左開右合**──左轉身，左腳
　開至斜後方，左手逆纏開
　至左腳外側。捋勁。

8. **右合**──左腳落地，右半
　身鬆沈合向左腳，左手順
　勢滑至左側。捋勁。

9. **右合**——重心沈於左腳，右
腳扣腳，右掌持續合到左
膝上方，左掌順纏向上。
捋勁。

10.**外升內降**——右腳碾腳上
步。左手順纏在左側立掌
向上，右掌合至左肩上。
掤勁。

11.**右開**——接上勢不停，右
腳落於左腳右前方，與肩
同寬。掤勁。

12.**右開左合**——重心落在右
腳，兩手逆纏而出。擠
勁。

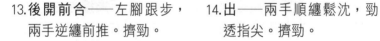

13. **後開前合**──左腳跟步，
    兩手逆纏前推。擠勁。

14. **出**──兩手順纏鬆沈，勁
    透指尖。擠勁。

Note: 合氣太極對於推與按是分得非常清楚的，按主
要是向下的勁道（請參考 P.178
六封四閉第 7～10. 動），推
則主要是與地面平行的勁道，
主要發的是擠勁。

16. 肘底捶

此式最大的特色是一手指
天一手劃地，以中丹田為軸帶
動身形與手輪轉，最後以肘往
下沈墜打一個肘勁，故取名
「肘底捶」。

0. 接前勢。

1. **右降左升**——右肩膀鬆沈至右腳，右手下沈，左肩膀自然微微內合。

2. **丹田內轉**——帶動兩掌向內合，捌勁。

3. 丹田持續轉動，帶動兩掌逆纏外開，上下交錯而過。捌勁。

4. **丹田內轉**——兩掌持續輪轉。

5. **丹田內轉**──帶動身形輪轉，右手指天，左手劃地。捯勁。

6. **丹田內轉**──身形持續鬆沈右轉，兩掌持續輪轉，視線要隨著身形而轉。

7. **丹田內轉**──身形回正，帶動兩掌繼續輪轉，直到左手指天，右手劃地。

8. **後開前合**──右手變拳提至丹田前，帶動左腳提腳落於左前方，腳掌點地。

9. **後開前合**——左肘往下沈墜，與右拳合。肘勁。

17. 倒捲紅

以倒退的身法，捲動對手如鱷魚的死亡翻滾一般，讓對手無法站立。故名「倒捲紅」。

0. 接前勢。

1. **降**——右半身鬆沈至右腳，帶動右手順纏落向右胯。肘勁。

2. 升——身形右轉，右拳變掌繼續劃弧而開，左掌前伸。掤勁。

3. 出——身形續轉，兩手前後伸開，氣透指尖。掤勁。

4. 出——身微左轉，右手掤至右肩上方。掤勁。

5. 入——重心落在右腳，左腳縮回，右手收至右肩上方，左手沈墜。採勁。

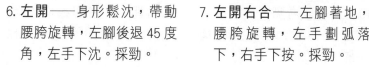

6. **左開**——身形鬆沈，帶動腰胯旋轉，左腳後退 45 度角，左手下沈。採勁。

7. **左開右合**——左腳著地，腰胯旋轉，左手劃弧落下，右手下按。採勁。

8. **右合**——右半身內合，右腳內扣，右手順纏翻掌。挒勁。

9. **出**——右腳碾腳向左上步，左手向上穿掌，右手順纏向前穿掌。掤勁。

10.入──收右腳，左手收至左肩上方，右手沈肩墜肘。採勁。

11.**右開**──右腳退向45度角，帶動腰胯旋轉。採勁。

12.**右開左合**──重心推向右腳，右腳開腳、開胯，帶動腰胯旋轉。採勁。

13.**左合**──左腳內扣，腰胯旋轉，左手下按，右手劃弧落於右胯旁。採勁。

14.**左合**——左半身內合，左
　腳掌著地，左手順纏翻
　掌。捋勁。

15.**出**——左腳碾腳向右上
　步，兩手穿掌。掤勁。

16.**入**——收左腳，右手收至
　右肩上方，右手沈肩墜
　肘。採勁。

17.**左開**——左腳後撤45度，腳
　掌落地，重心推向左腳，帶
　動腰胯旋轉。採勁。

233

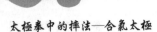

18.右合──左腳開腳、開胯，
帶動腰胯旋轉，右手下按，
左手沈落。採勁。

19.右合──右半身內合，右
腳內扣，右手翻掌向上。
捋勁。

20. 出──右腳碾腳向左上步。兩手穿掌。掤勁。

Note: 楊氏太極取象如猴，動作需如猴子般的輕巧，
故名「倒攆猴」。其身形雖有不同，但功用則類似。

18. 閃通背

左閃右閃，最後將對手由背後摔出。故名「閃通背」。

0. 接前勢。

1. 入──身形微微後收，收右腳，左手收至左肩上方。挒勁。

2. **右開**──，右腳向右後方退步，右轉身逆纏收右手，左手順纏鬆沈。挒勁。

3. **右開左合**──左腳跟著地，重心推向右腳，帶動中丹田旋轉。挒勁。

4. **右開左合**——左腳扣腳，右
手逆纏而開，左掌順纏前
擊。捌勁。

5. **右開左合**——中丹田持續旋
轉，左腳掌落地，左掌隨
勢出掌至胸口。捌勁。

6. **右開左合**——中丹田持續旋
轉，帶動兩肩迴旋，左腳
跟微提。挒勁。

7. **左開右合**——中丹田持續旋
轉，帶動兩肩迴旋，左腳
順纏碾腳。捌勁。

8. **左開**──左手自然鬆落，右手順纏合於胸口。捌勁。

9. **左開**──左腳鬆開上步，左手變勾手鬆落，右手微微上揚。擠勁。

10.**右合**──重心沈落於左腳，右手穿掌，左手勾手逆纏往後點擊。擠勁。

11.**右開**──左腳跟著地，重心推向右腳，身形右轉，右手逆纏而開，左手順纏劃弧而上。捋勁。

12.**左合**——左腳扣腳，左手順纏裡合，右手逆纏順勢而開。捋勁。

13.**左合**——左腳內扣至兩腳成內八，讓下盤充滿張力，兩手交叉。捋勁。

14.**鬆沈**——重心鬆沈移至左腳。掤勁＋水腳。

15.**下開上合**——右腳提起，因剛剛的張力而自動開胯。水腳。

16.**下開上合**──右腳彈開至　17.**外降內升**──全身往往下
成為外八字。水腳。　　　　鬆沈，右腳鬆腳落地。沈
　　　　　　　　　　　　　墜勁。（土腳）

18.右腳震腳落地，雙手沉落至丹田後，
隨勢自然盪開。沈墜勁。（土腳）

　　Note: 動作 17 ～ 18. 的沈墜勁與金剛搗碓震腳的注意
事項一樣，請參閱第 2 式金剛搗碓。

19. 擊地捶

前一招閃通背的結束是摔法，如對手已經倒地，迅速上步對倒地之敵補上一拳。故名「擊地捶」。

此式是斜中寓正的身法，身體雖斜，但須與後腳跟貫串成一直線，千萬不可將身體與地面垂直。

0. 接前勢。

1. **外升內降**——兩手順勢而開。掤勁。

2. **外升內降**——兩手擺盪指天，左腳微收。掤勁。

3. **下開上合**——重心下沈於右
腳，左腳剷地而開，兩手
下沈，右掌變拳。木腳。

4. **左開**——左腳落地，重心推
向左腳，開左胯、左腳，
身體左轉，帶動左手下撥。

5. **左開右合**——繼續轉體，重
心移向左腳，左掌逆纏上
抬，右拳逆纏蓄勁於右肩
前。

6. **左開右合**——右拳逆纏擊向
地面，與左腳齊，左掌持
續逆纏至頭頂上方，眼睛
注視左腳尖。

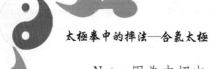

Note: 因為本招中拳打腳踢不符合合氣太極護身安全的理念，所以合氣太極演武則提倡摔法的應用，也就是將背後之敵，經由右側摔出。

Note: 陳氏老拳譜亦有將動作6. 右拳下探的動作改為探爪的練法，名為「神仙一把抓」，實戰上很好用，但也不符合合氣太極演武的安全要求。

20. 二起腳

此式配合兩手的輪轉，連續上踢兩腳。故名「二起腳」。

0. 接前勢。

1. **右開**——右肘往後拉。肘勁。

2. **右開**──開右胯＆右腳，右翻身，右手肘持續後拉，提右拳。肘勁。

3. **左合**──重心推至右腳，右轉身，左手沉落下合，右拳順勢提至右肩上。

4. **左開**──重心完全落於右腳，中丹田旋轉，帶動兩手輪轉，扣左腳。

5. **左開右合**──中丹田持續旋轉，兩手隨勢輪轉。

6. 左開右合──中丹田持續旋
轉，兩手隨勢輪轉。

7. 左開右合──中丹田持續旋
轉，兩手隨勢輪轉，左腳碾
地而起。

8. 右開左合──中丹田持續旋
轉，兩手隨勢輪轉，左腳上
提。

9. 右開左合──中丹田持續旋
轉，兩手隨勢輪轉，左腳
上提。

10. **右開左合**——中丹田持續旋轉，兩手隨勢輪轉，左手與左腳在左前方拍擊。

11. **右開左合**——中丹田持續旋轉，右手隨勢輪轉，左腳前落，左手微持在前。

12. **左開右合**——左腳隨勢落地，右手持續從右後側輪起，左手微持在前。

13. **後開前合**——左腳落地，重心移向左腳，右手輪轉至頭部側方。

245

14.**後開前合**──重心完全落
　　於左腳，右腳碾地而起，
　　右手蓄勢。

15.**後開前合**──提右腳。

16.**後開前合**──右腳踢起，
　　右掌由上拍擊右腳盤。

17.**右開**──右腳鬆沈落下。
　　木腳

18.**右開**──右腳劃弧落向右
側，成左弓箭步。木腳。

19.**右開**──兩掌隨勢下採至
胸腹前，左低右高。採勁。

　　Note: 陳氏太極的二起腳是採用飛踢之姿，動作大而
美，但不容易拿來互動與護身，不符合合氣太極演武的安
全要求；故合氣太極改用一腳落地之後，再起一腳，變化
較多，除了有踢法之外兼有擒拿與摔法的應用，比較溫和
與安全。

　　Note: 體弱多病及老年者動作 10. 與 16. 都只需拍擊
到膝蓋即可。

21. 擺蓮腿

　　此式如女人穿著蓮花裙，提腳在裙底擺腳而踢。故名
「擺蓮腿」。

　　此式用來擺踢敵腰、下三路，或已經倒地之敵人。

0. 接前勢。

1. **左合**——雙手持續下採至右側，重心落在右腳。採勁。

2. **左開**——身體下沈，左腳開腳、開胯。

3. **右合**——重心推至左腳，右腳掌微微煞住，蓄勢。

4. **右合**——右腳掌鬆開，並隨勢往左前方擺盪。

5. **右合**——右腳擺盪超過左腳外側順勢劃弧上提，兩手保持在右側。

6. **下開上合**——等右腳擺回到丹田前面時左手拍擊右腳小腿外側。

Note: 動作 6 ～ 7. 年紀大或體弱者不用高踢，只需兩手分別拍到膝蓋即可。

7. **下開上合**——等右腳擺回至
右腰前時右手拍擊右腳小
腿外側。

8. 右腿順勢擺開，兩手因餘
勢而前擺。

9. 右腿順勢落下，兩手持續
前擺。

10. 右腳落地之剎那間，重心
即要左六右四分配。

　　Note: 此式是腳法中「水腳」的練習，一定要等腳擺
回來過中線之後，兩手分別拍擊才是正確的練法，絕不可
兩手前去追擊擺至左前方的腳，才能發揮擺盪的威力。

22.當頭砲

此招以擊打敵人之頭為準。故名「當頭砲」。

0. 接前勢。

1. **右開**──兩手鬆沈勞宮微
　　收。採勁。

2. **右開**──兩手鬆沈，身體
　　後坐。採勁。

3. **左合**──重心落在右腳，兩
　　手鬆沈至右胯前。採勁。

4. **內降外升**──兩手順勢提升
至中丹田高度。擠勁。

5. **左開**──兩腳一鬆,接地
而起,丹田迅速輪轉帶動
左拳前衝。擠勁。

6. **右合**──重心落於左腳,丹田帶動右拳衝至中
丹田,左拳順勢衝拳至左膝上方。擠勁。

Note: 此招練的是彈抖勁。標準練法要發聲吐氣，發勁擊出；要求又快又猛，狀如金獅抖毛，有助於體會翻江播海之練習。但初學及年長者則應改為輕輕吐氣，緩緩擠出，開合動作要分清楚。演武時更應緩緩擠出，讓受方可以護身離開。

23. 金剛搗碓

此金剛搗碓是以捋接手，中間再以彈抖勁＋靠勁作變化。讓金剛搗碓的應用，更加變幻莫測。

0. 接前勢。

1. **右開**—兩手鬆開成掌，重心推向右腳。捋勁。

2. **右開左合**──重心推向右
　腳，腰身右轉，兩手右逆
　左順纏捋帶回。捋勁。

3. **左合**──重心落在右腳，左
　手合向右腳，右手隨勢開
　至右膝上方。捋勁。

4. **下開上合**──兩手左逆右
　順下沈。左胯打開，帶動
　左腳開腳。採勁。

5. **左開**──右掌留在右膝上方，
　左掌順纏翻擺至左膝上方，拇
　指向前。彈抖＋靠勁。

6. **右合**──右胯合，右腳微內
　　扣，身微左轉，左手隨身
　　形帶回。挒勁。

7. **右合**──上右腳，前腳掌著
　　地。右手前擠，左手護於
　　右肘內。挒勁。火腳。

8. **右升左降**──右手指尖朝
　　上穿掌。擠勁。

9. **沈採**──左手順纏下沈，右
　　手逐漸握拳下沈。採勁。

255

10.**沈採**──右手握拳順纏落
於左手掌中。採勁。

11.**左降右升**──右腳與右手
因意念沉落於左邊而向上
升起。擠勁。

12.**右開**──與 11 動合起來，
就是合氣太極的水腳，肘
勁。

13.**右降左升**──左腳意念往
上升，右腳掌輕輕平落。
沈墜勁。（土腳）

14. **丹田提放**──右拳落於左掌中。沈墜勁。（土腳）

24. 收　式

收式最後是兩手下按，周身放鬆，回歸無極與自然。

0. 接上勢。　　　　　　　　　1. 丹田內轉。

2. 降──兩手鬆沈下降。

3. 開──兩手鬆沈而開。

4. 外升內降──兩手持續外
　　開。掤勁。

5. 後開前合──兩手劃弧轉
　　向中線收回。捌勁。

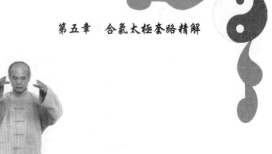

6.**後開前合**——兩手收至眼前。捯勁。

Note: 動作 4 ～ 5. 的兩手不可超過視野的邊緣。

7. 兩手指尖、勞宮、手腕、
　手肘、肩膀與內氣依序鬆
　沈收回。捯勁。

8.**內升外降**——意念由尾閭
　往上升起，兩掌因而反向
　下沉落。按勁。

9. **內升外降**──兩手持續下
落，手腕要鬆，按勁。

10.**右降左升**──重心右移，
左腳跟提起，兩手收攏在
兩側。

11.收左腳。

12.全身放鬆，回歸無極。

第六章　合氣太極演武

雙人演武

　　兩百年前太極拳的大師們在與學生試手對練時，常常是出手見紅、一飛三丈，但這種危險的學拳方式，已經很難被現代的太極拳愛好者接受，再加上招式用法有許多一擊必殺的秘技，各門各派向來是不輕易外傳的，於是近百年來太極拳的大師們幾乎都不再傳習招式用法與試手對練之類的功夫，以致於太極拳在武術方面的精華幾近失傳；而且現代的社會和平安定，大部分的太極拳愛好者幾乎都沒有機會與人對敵，當然也就很少有機會能通過「招熟懂勁」而進入「階及神明」的境界。

　　為了幫助有心一探「階及神明」的太極拳愛好者能更快地跨越「招熟懂勁」的階段，合氣太極以雙人演武的方式恢復了太極拳的摔、打、踢、拿的試手對練，有了這樣一個安全且有效的驗證工具，學員可以安全地深入探討太極拳中每招每式的用法、攻防概念與用勁技巧，如能配合太極十三勢、套路、揉手以及合氣太極練功心法中的進階功法，可以更容易地通過「翻江播海」、「虎吼猿鳴」階段的學習過程。

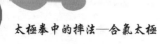

　　輕柔不用力的雙人演武是太極功夫的鍛鍊方法，同時也是太極功夫優劣的檢驗標準。如前所述，太極十三勢只能用意與氣來加強，用了拙力反而會阻礙了氣與勢的流動；太極拳中沾、黏、連、隨捨己從人的太極功夫也是以「沾」字為先，在在都表明了太極拳不用力的基本原則。

　　筆者也發現對此重要原則還未能完全掌握的人，在演武中無法很輕鬆地將受方（Uke）安全地摔出，尤其那些養成使用蠻力習慣的人，不僅很難練好雙人演武，也很容易造成對手的傷害。所以在演武的過程中，作方（Tori）在練習招式用法的精妙內容之外，更要花心思去體會要如何用沾、黏、連、隨不用力的太極功夫來帶動受方，完成接手、開門、入身、破勢等技法；受方也應該瞭解作方大部分的動作是放輕、放慢了，也是讓自己去感受自身無極所受到的牽引與崩解，以及尋找作方招式中的破綻與逃生機會，不可因為感覺毫無威脅而不予反應。

　　如能有此認知，則雙方同時可以體會到太極拳捨己從人的美妙境界，兩人共同完成太極拳力與美的精彩演出，才能互相有所幫助、越練越精，共同往太極拳「階及神明」的方向邁進。

　　其實太極拳的應用是千變萬化，而且是「因敵變化示神奇」的，並非只有本書所列的演武示範內容一種，但一來需要有一個與套路接近的應用以供讀者練習參考，二來有些應用可能隱含了死、殘等手法，不適合給一般的大眾練習。所以以下的演武內容都是本協會精心研究、特別挑選一些安全，又容易護身的演武技法來與讀者分享，只要

已經學會正確的護身技法、在合格的場地上應該都可以安全地練習。但為了安全起見，要練習雙人演武的太極拳愛好者除了平日的修心養性加強自我人格的培養之外，還要嚴格地遵守道場的禮儀規範、加強自己護身倒法的練習，還要隨時關心同伴，在演武的過程中非以放倒對手為目標，而是要以對手的安危為優先考量，並要完全服從教練的監督與指導，更重要的是讀者千萬不可另創招式或使用容易造成傷殘的手法；必須確認一切都 OK 的狀況下才可進行以下的練習。這樣作方才可以放心地練習招式的應用，受方也可以學到護身倒法及許多相對應的破解技法，既符合合氣太極想要推廣的養生運動，並可精彩地演出太極武術的藝術內涵。

早期坊間的太極拳書籍，大都只以文字說明的方式來描述這種快速移動、千變萬化、動態的招式用法，那根本就是在考驗讀者六度空間的想像力。最近坊間出版的武術書籍則改以大量的文字說明再加上繪畫的圖片或定格攝影方式呈現，這種以想像中、靜止的姿勢來描述太極拳沾、黏、連、隨不丟不頂的流暢動作，還是會讓人霧裡看花，很難弄清楚作者想要傳達的技法。

本書的演武照片則都是以一鏡到底、高速連拍方式攝影，再挑選出比較能說明招式用法的照片呈獻給讀者參考，雖然不是非常的精準，但本書內容的流暢度絕非一般坊間書籍所能比擬的；但因筆者資質駑鈍，尚未悟透所有太極拳的精華，又受限於書本的篇幅、攝影場地、器材、時間與人員成本的考量，還是沒有辦法做出完美的照片以

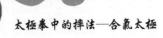

表達太極拳招式內涵的博大精深，只能請讀者包容。

　　太極拳是一個全面性的武術，其內涵包括了摔、打、踢、拿以及練氣、養生……等非常豐富的中華文化精華，其學問浩瀚如海，遠非一、二本書籍所能盡述；本書也只討論了太極拳摔法中的一小部分內容，相較於太極拳的博大精深有如滄海中的一粟，如果讀者對於太極拳更多、更高深的內涵有興趣的話，可以參與本協會各個道場的學習課程，按部就班、讓有經驗的教練指導練習，才是不繞遠路、進步最快也最安全的學習方法。

　　Note:1.讀者如果要練習發勁等基礎功法，應該在套路中或另找時間、地點再加上適當的器材來練習（刀、劍、棍、扇……等），絕對不可在揉手或演武過程中將對手拿來練習，以免發生危險。

　　2.演武過程中，作方如果發覺自己的動作與受方的力線、勁線產生碰撞，或受方提早在半路找到空隙而溜出掌控時，應該往自己沾、黏、連、隨的功夫上找問題，而非以加快速度與力量的方式急著要把招式做完，既不漂亮又容易造成受方受傷或不適。如能長期地以平心靜氣的心態練習演武，功夫自然能越練越深，感覺也才能越練越精準，才能為日後進入「階及神明」的修練做好準備。

　　3.以下的演武都是盡可能地接近套路的原始打法，以讓讀者可以參照下方套路的動作照片，但有時為了讓 Uke 可以安全地做好翻滾護身的動作而需做適度的調整，未盡完美之處尚請讀者見諒。

圖例說明：

　　為了讓讀者容易體會演武內容與套路之間的對應關係，下面圖例右邊為演武示範，左邊小圖為相關的套路動作，以供讀者參考。

起　式

1. 乙方上步掐住甲
　方脖子。

2. 甲方身微鬆沈，
   兩手上掤，輕扶
   乙方兩手。

3. 甲方雙手輕貼乙
   方胸口，將乙方
   輕輕掤起。

4. 甲方身體下沈，
　上步發出擠勁。
　乙方後退半步，
　降低身形。

5. 乙方後滾翻護身離去。

金剛搗碓 1

0. 乙方正面出右拳
   打甲方心窩。

1. 甲方沈身掤接乙
   方右拳，並順勢
   將乙方将至右邊。

2. 甲方沾黏住乙
　方，並轉身，入
　身至乙方右後方。

3. 甲方以雙手擒住
　乙方，並破其無
　極。

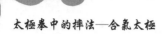

4. 甲方上左步，擠
   出。

5. 乙方前滾翻護身
   離開。

　　Note: 所有合氣太極演武的 Tori 要有以得機得勢將
Uke 輕柔地送出，兩人共同完成一個肢體藝術的展現為最
高境界。而非以把 Uke 打趴了為目標。

金剛搗碓 2

0. 乙方出右拳打甲
   方心窩。

1. 甲方側身掤接。

2. 甲方一邊将帶，
   一邊入身至乙方
   右後方。

3. 甲方左掌輕靠乙
   方腰部。乙方出
   左手格檔甲方左
   掌。

4. 甲方沾黏住乙方
左手，順勢帶出
乙方身形。

5. 甲方上右步以右
拳輕輕頂住乙方
胸、腹部。

6. 甲方起右腳上
   步，順勢以右拳
   輕推乙方胸口。
   並破壞乙方無極。

7. 甲方上步發長勁
   擠出。乙方受此
   擠勁，後退半
   步，降低身形，
   作後滾翻準備。

8. 乙方後滾翻護身
   離開。

Note: 動作 3 Uke 如來不及或忘了以左手防身，Tori
千萬不可發勁攻擊。因為肝或肋骨受傷，皆有可能造成生
命危險。

Note: 動作 7.& 8. Tori 只能緩慢地以長勁送出，以方
便 Uke 作護身。

懶紮衣

0. 雙方對峙

1. 乙方出左手抓甲
方右手腕。

2. 甲方退左腳，捋
帶乙方左手。

3. 甲方左手扣乙方
左手大魚際穴。

4. 甲方開腳上步。

5. 甲方右擠乙方左
　 臉頰。

6. 甲方右按，乙方
   後滾翻護身離開。

　　Note: 動作 4 ～ 5. Tori 不可推擠 Uke 脖子，一來推擠脖子容易引發 Uke 抗力，雙方相抗，不符合太極原理。二來脖子有許多重要穴道及頸動脈等要害，容易造成意外傷殘。

　　Note: 動作 4. 考慮到伸腳會影響 Uke 做好護身，Tori 伸右腳的步伐可以小一點。

六封四閉 1

0. 乙方出順步、以
  左掌劈打甲方臉
  頰。

1. 甲方閃身掤捋接
  乙方左腕。

2. 甲方下沈，採乙方
　　左手。

3. 甲方左側身将帶，
　　帶動乙方身勢。

281

4. 甲方隨勢將乙方
　 手腕帶上左肩並
　 翻轉乙方左手腕。

5. 甲方右腳開半
　 步，並將重心移
　 至右腳。

6. 甲方左腳跟步，
　右按，乙方空翻
　而過。

7. 乙方後滾翻護身
　離開。

　　Note: Uke 空翻護身的練習方式，需要 Tori、Uke 雙方都有很好的默契與護身經驗才可施作，未經嚴格基本功訓練的人不可嘗試。以下有較溫和的演武方式。

六封四閉 2

4. 前面幾動與六封
   四閉 1 相同。

5. 甲方右腳開大
   步，帶動乙方降
   低身形。

6. 甲方持續下按，
　乙方臀部著地後
　滾翻。

7. 乙方護身離去。

　　Note: 六封四閉還有許多用法，但合氣太極演武只推
廣其「四閉」的應用，與合氣道的反手摔接近。只要學好
護身倒法，雙方在演武或練習中，並無危險。

單　鞭

0. 乙方由正面出右
　 掌劈擊甲方臉頰。

1. 甲方以掤接，左
　 手搭接在乙方右
　 手腕上。

2. 甲方以雙手採乙方
　 右手臂，同時破壞
　 乙方的無極狀態。

3. 甲方捋帶乙方手
　 腕，並換右勾手沾
　 黏住乙方右手腕。

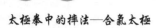

4. 甲方鬆沈右邊，
　　右手持續帶出乙
　　方右手，進左腳。

5. 甲方右手提起乙
　　方右腕，左手由
　　乙方腋下穿出，
　　輕拂乙方臉頰。

6. 甲方開左腳，鬆開
　　右勾手，以左手將
　　乙方輕輕送出。

7. 乙方前滾翻護身離
　　開。

8.

Note: 動作 2.& 3. Tori 的採勁要採得不多不少，否則下一動作會不順利。

白鶴亮翅

0. 雙方對峙

1. 乙方出右拳打甲
　 方心窩。

2. 甲方閃身向右亮
　 翅，掤接乙方右
　 拳。

3. 甲方重心落在右
   腳，下按封住乙方
   右半身。

4. 乙方右拳被按，鬆
   開右半身，出左拳
   打甲方下顎，甲方
   退左腳，以左手将
   接乙方左拳。

5. 甲方收右腳右穿
　掌擊乙方左肋骨
　（左亮翅）。

6. 甲方上右腳，右穿
　掌擊乙方心窩／下
　顎，乙方右掌上提
　護住心窩／下顎。

7. 甲方再上左腳,右
   掌帶出乙方右手,
   左掌輕擊乙方肚臍
   /心窩(雙亮翅)。

8. 乙方左手攔截甲方
   左掌,甲方順勢
   捋出乙方左手。

9. 甲方鬆左掌，下
　　沈，下採乙方左
　　臂。

10.甲方沈採帶出乙
　　方左半身，以右
　　掌拍按乙方左肩
　　膀。

11.乙方前滾翻護身
　 離開。

Note: 動作 10. Tori 只能輕輕拍擊在 Uke 的左肩上，
其他位置都屬危險方式。

斜　行

0.雙方對峙

1. 乙方以左腳旋踢
   甲方頭部。

2. 甲方右轉身，掤
   接乙方之旋踢。

3. 甲方以右肩合往
　　乙方左腳。

4. 甲方以左臂黏住
　　乙方左半身。

5. 甲方上左腳並以
　左小臂輕擠乙方
　腰部。

6. 甲方重心落在左
　腳，右手持續對
　乙方左腳施壓。

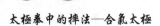

7. 乙方前滾翻護身
　　離開。

　　Note: 此招動作雖少，作法簡單；但最後的擠、靠勁
很容易造成護身經驗不足的 Uke 嚴重傷害，千萬不可嬉
戲，並嚴禁在沒有護具及教練的監看之下私自試手對練。

摟　膝

0. 乙方起腳前踢甲
　　方胸腹／下檔。

1. 甲方微撤步，同時
   沾黏乙方小腿與腳
   盤，以卸力道。

2. 甲方後坐，重心
   落在右腳，順勢
   摟住乙方腳踝。

3. 甲方上左步,發
　　出擠勁。

4. 擠出乙方。

5. 乙方護身離去。

Note: 此式 Tori 不可將 Uke 拋高，否則 Uke 不容易護身。

拗　步

0. 雙方對峙。

1. 乙方上步前踢甲
　方下檔。

2. 甲方閃身，沾黏
　住乙方腳踝。

3. 甲方以前手沾黏
　 乙方前手，以防
　 乙方出拳擊打臉
　 部要害。

4. 甲方開步，並將
　 左手拗擠乙方臑
　 關節。

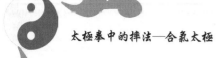

5. 甲方右手繼續前
   栽。

6. 乙方護身離開。

回頭金剛搗碓

0. 甲方出右拳，攻
　擊乙方心窩。

1. 乙方出雙手按接
　甲方右小臂。

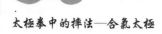

2. 甲方以左手輕按
　乙方左手指關
　節，鬆右臂擒住
　乙方指頭。

3. 甲方繼續往左下
　沈，捋帶出乙方
　左手。

4. 甲方出右掌輕拍
　 乙方前額。乙方
　 以右手穿掌抵擋
　 甲方右掌。

5. 甲方順勢往上帶出
　 乙方右手。

6. 甲方順勢帶下乙
   方右手，讓乙方背
   勢回頭。

7. 甲方順勢退右腳，
   並以右臂輕扶乙方
   右肩。

8. 甲方重心右移，
   左手輕托乙方左
   肘。

9. 甲方捋帶乙方由
   右方摔出。

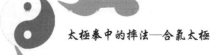

10.乙方滾翻護身離
　　去。

撇身捶

0. 乙方以右手抓甲
　　方領口。

1. 甲方鬆沈後，兩
   手盪開。

2. 甲方退右腳，兩
   手劃弧而上。

3. 並將兩手盪回中
　 軸，右手在乙方
　 手腕處，左手在
　 乙方肘關節處。

4. 甲方右手輕扣乙
　 方大魚際穴，左
　 手輕輕扣住住乙
　 方右腕關節。

5. 右手輕輕推開乙
　　方大魚際穴，交
　　給左手。左轉
　　身，右手輕輕推
　　開乙方臉頰。

6. 甲方左手輕扣乙
　　方右掌，右肘滑
　　入乙方右胳臂彎
　　後，退右腳。

315

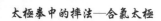

7. 甲方身體盪回右
   側，將乙方右肘
   彎捲起輕輕捋回。

8. 甲方右手扶住乙方
   右手臂，左手輕輕
   鉤住乙方左肩。

9. 甲方退右腳。

10.甲方重心移至右
　　腳，腰胯微右
　　轉，左手輕輕拍
　　送乙方。

11.乙方護身離開。

Note: 動作 3. 的捌勁是反關節，很容易造成 Uke 受傷，所以 Tori 的動作一定要輕輕且緩和。

青龍出水

0. 乙方以左手扣住
   甲方衣領。

1. 甲方沈身，出左
手輕推乙方左腕
關節，並以右拳
敲擊乙方左臂彎。

2. 乙方鬆肩墜肘，
以防肘關節受傷。

3. 甲方趁勢以兩手
　 捲採乙方左手。

4. 甲方持續捲採，
　 右拳順勢滑入自
　 己左胳臂彎，並
　 開右腳。

5. 甲方重心移至右
   腳，兩手向右方
   沉落。

6. 甲方右拳探到底。

7. 乙方翻滾護身離
　　去。

雙推手

0. 乙方左手剌拳攻
　　擊甲方。

1. 甲方左轉身，退
   左腳；以兩手掤
   接乙方左手。

2. 甲方将帶出乙方
   左手，以右肘輕
   輕點擊乙方腋下。

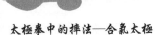

3. 乙方鬆左肩，縮
   腰以避開甲方右
   肘，甲方順勢，
   將乙方左臂帶下。

4. 甲方左手繼續採
   拿乙方左手，並
   以右肘輕推乙方
   左肩。

5. 甲方左手持續向
　下採挒並將右手
　輕輕摸在乙方後
　腦杓，並退左腳。

6. 甲方重心逐漸推
　移至左腳，邊移
　邊下沈。

7. 甲方持續捋帶。

8. 甲方順勢將乙方
   帶過左腳。

9. 甲方待乙方重心過
左腳後鬆開左手，
以內肘鉤住乙方下
巴，並帶動乙方身
子逐漸上升。

10.待乙方身子失衡
時，甲方右手滑
至乙方左肩膀。

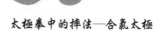

11.甲方雙手捋回，
　 並降低身形。乙
　 方降低高度，準
　 備後滾翻護身。

12.甲方重心推移至
　 右腳，雙手輕輕
　 推出。

13.受方後滾翻護身
　　離去。

　　Note: 在此演武練習中動作 10 ～ 12 Tori 絕對不要發勁，否則 Uke 可能會被拋太遠或凌空跌出，容易失控而產生危險。

肘底捶

0. 乙方自甲方前面，
　　出右拳攻擊甲方
　　胸、臉。

1. 甲方以捌手接來
　　拳。

2. 乙方速沈肩墜
　　肘，帶回右手，
　　以解右手之危。

3. 甲方左手順勢輕
　輕滑入乙方右腕
　關節。

4. 甲方上步，右掌
　輕推乙方臉頰。

5. 甲方右掌轉扶住
   乙方後腦杓，左
   手輕推住乙方左
   腕關節。

6. 甲方持續輪轉中
   丹田。

7. 甲方右轉身，持
　 續輪轉中丹田。

8.

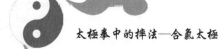

9. 乙方護身離去。

Note: 此式最後的動作是以肘打，容易造成傷害。但合氣太極推廣的演武與合氣道的迴轉摔接近，不將受方帶回來肘打，而是讓受方找一前滾翻護身離開的機會，只要做好護身倒法，雙方在演武練習中，並無危險。

倒捲紅

0. 乙方出右拳攻擊甲方。

1. 甲方微側身，以掤
   接，並沾黏住乙方
   右手。

2. 甲方轉以採捋，
   帶出乙方右半身。

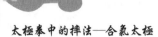

3. 甲方右手輕推乙
   方右肘，左手穿
   掌搭於乙方左肩。

4. 甲方持續扨轉乙
   方，並提左腳。

5. 甲方持續捋轉乙
　 方，落腳踩踏於
　 乙方膝關節後
　 方，破勢。

6. 甲方左腳直接後
　 退落地，採捋乙方
　 上半身。

7. 乙方後滾翻護身
   離去。

收　勢

1. 乙方衝撞甲方中
   下盤，擬抱摔甲
   方。

2. 甲方縮身下沈，
   兩手自側面掤起。

3. 甲方隨乙方合抱
   之勢，重心沈落
   於左腳，兩手輕
   貼於乙方後腦杓。

4. 甲方隨勢退右腳
   並轉身捋出乙方
   身勢。

5. 甲方持續轉身，
   下按。

6. 乙方前滾翻護身
　 離去。

7.

341

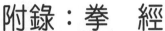

附錄：拳　經

三不打

一不打女人臉、胸、小腹──為了避免不良印象，或剛好有懷孕。

二不打老人、體弱多病之人──老人或體弱多病之人，非常脆弱，一不小心，就會造成無法彌補的傷害。故練習前一定要瞭解你的對手的身心狀況。

三不打未經訓練之人──雖然只是演武練習，但如不小心，仍有可能造成傷害。故不打未經訓練之人。且演武/試手對練一定要在安全的場所練習，才不會造成後悔莫及的傷害。

《太極拳論》王宗岳——林明道編注

（一）太極者，無極而生，動靜之機，陰陽之母也——太極拳的本質與要素

太極者，生於無極，內含陰陽之理；萬物的本質皆含陰陽，皆遵循太極陰陽消長的基本道理，是為『道』。

無極：天地未開，混沌未明，陰陽無形，動靜無始，元氣混而為一；無極的本質是空無虛靜，內外皆靜。虛則無所不容，靜則無所不應。故學習太極拳應以虛靜為本，則動靜分合變化無不如意也。

人法地，地法天，天法道，道法自然。反過來說：自然界的動靜消長也都是遵循「道」而運轉，也就是「太極」。所以太極拳運動純屬自然，不拘於形式，以虛靜為本，以陰陽開合為方法；不能保持無極，不能操作陰陽開合，就練不成太極的最高境界。

（二）動之則分，靜之則合——太極拳的重點
——動、靜

「動」：練習太極，心意一動則分陰陽，分發四肢；由骨、筋、肉、皮、毛，層層由內而鬆到外，是為「陽鬆」、是為「分」、「開」。

「靜」：心神合一，還歸無極；由汗毛、皮、肉、筋、骨，層層由外而收斂入骨，是為「陰鬆」、是為

「合」。

（三）無過不及，隨屈就伸
——動靜的注意事項 1 & 2

應敵時出勁太過則生頂抗之病，出勁不及則有丟扁之病，皆不是太極的虛靜開合之理。應像跳舞一樣，配合舞伴，抓住對方的節拍，根據客觀的情況變化來伸屈進退（有開就有合），要和對方的動作密切不離，不能多要，也不能多給，更要不丟不頂（失掉對手為「丟」，對手進退不順為「頂」）。但更重要的是自身不能散亂，保持「身心無極，五弓混元」，開合於一定間。

（四）人剛我柔謂之走，我順人背謂之黏
——動靜的注意事項 3 & 4

人剛我剛為頂抗，太極者，當別人的勁力到達，是為「有」，讓自己空無，以自己的「無」接其「有」，並順其來力將其有化為無，是為走化。彼力失其中，則失其優勢。（自身要以原空位走化，敵無法著力予我，卻優勢漸失而不自知）

順其來力，加上自己的勁力相乘，引導其落入背勢，而讓自己處於順勢，則為「黏」（自身要以原體位黏逼，對手才不容易察覺）。以順黏背，則彼雖有力而不得力矣！

與人對手一開始就要放鬆，心身都要放鬆。對方剛來，我以柔應，使對方不得力，有力無處用，這叫做

「走化」；敵勁失效則背，我乘其勢則順，趁勢黏逼使對方失其無極，則勝（原體位進逼，需五弓俱全，八勁流暢，勁整且促，敵人極難走化）。

（五）動急則急應，動緩則緩隨
——動靜的注意事項 5 & 6

自身動作快慢要取決於對方動作的快慢，不能自作主張。首先，手臂放鬆，觸覺靈敏，才能急應緩隨，處處合拍。只有觸覺靈敏了，才能做到「彼微動，已先動」，才能制人而不為人所制。（熟練沾、黏方可聽勁，才能做到隨對方來勁黏走相生，克敵制勝。）

（六）雖變化萬端，而理惟一貫

動作、招式雖然千變萬化，而上述的黏走相生，急應緩隨、陰陽開合、沾黏連隨的道理是一貫的。

（七）由著熟而漸悟懂勁，由懂勁而階及神明
——太極拳的學習步驟與階段

太極拳雖是純屬自然，但人們積習甚深，且其哲理宏遠，不可奢望一蹴可達。所以學習太極拳還是應該分成四個階段：即著熟→漸悟→懂勁→階及神明。且不可越級（勁為無形，必附著於有形之著，始能顯著。）

（八）然非用力之久，不能豁然貫通焉

「用力」是指用功，不是指用力氣；意指不經過反覆

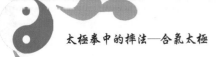

勤學苦練，就不能豁然貫通完全悟解。

但從「豁然貫通」四個字來看，王宗岳大師認為太極拳其實很簡單：因為一個問題能被豁然貫通，即表示這個問題本來不難，只是沒有想通而已。所以太極拳最大的障礙是觀念，觀念一通，就會突飛猛進。

從另外一個角度來說，宇宙間，大至天體運轉，小至原子內動，皆要符合陰陽消長之理，故太極是宇宙萬物遵循的「道」。老子認為：「人法地，地法天，天法道，道法自然」，亦即指「道」是自然存在的東西。中國古代道家、養生家皆認為人身上本有一太極（人也是自然之一），只是被後天的習慣給蒙住了，所以要人「專氣致柔，能嬰兒乎」，就是要我們重返嬰兒的狀態，讓自然本性顯露。同理，練太極拳也要追求自然，要找回我們本來就有的東西，只要能開發出我們內在的太極，則太極功夫就會有所突破。所以說太極拳是智慧型的拳法，道理要明，觀念要通，則拳打萬遍，其理自現。觀念不通，別說十年不出門，練到老，也還沒進入太極拳的大門。

（九）虛領頂勁，氣沉丹田

「虛領頂勁，氣沉丹田」基本上概括了太極拳對立身中正，鬆靜自然地運氣練拳和身心無極的要求。「虛領頂勁」意為頭頂要輕輕領起，百會穴放鬆；並非往上頂著，而是要空虛，便於中樞神經安靜地提起精神來指揮動作。

「氣沉丹田」是將重心下沈，與虛領頂勁配合起來，則上虛下實，才有可能達到「其根在腳，發於腿、主宰於

腰、形於手指，由腳而腿而腰，總須完整一氣」，但「氣沉丹田」不可硬壓丹田，也不可一味「沉氣」，而是「氣宜鼓盪」。

（十）不偏不倚，忽隱忽現

「不偏」是指形體上、神態上都不要歪斜而自然中正；「不倚」是指身形、心態上都不要依靠什麼來維持自己的平衡，而要中正安舒，獨立自主。（尋中、理中、知中、守中、得中）

「忽隱忽現」是說行氣運勁要虛實無定，變化多端；敵出手，我與敵沾黏處立即虛之，使對方難於捉摸，處處落空（柔中、化中、藏中）。得機得勢時，可瞬間轉而為實。（擊其中）

（十一）左重則左虛，右重則右杳

如何做到「不偏不倚卻又忽隱忽現」？

假設對方從左方用力攻來，我左方虛而化之，不與頂抗，使來力落空；如對方從右方用力來攻，則我右方虛而化之，也不與頂抗，使來力落空。練到處處能虛而化之，虛而引之，則對方無法得實而攻。

（十二）仰之則彌高，俯之則彌深，進之則愈長，退之則愈促

虛而化之的同時，順其來力，我高以引之，使有高不可攀，腳跟浮起，凌空失重的感覺；或順其來力，我低以

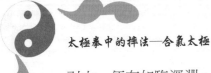

引之，便有如臨深淵，搖搖欲墜，愈陷愈深的感覺；若對方前進，我漸漸引進，使其愈進愈長卻不可及的感覺。經我黏逼進攻，則對方越退越感覺陷入背勢不能走化。

這四種情況都是黏走相生，不丟不頂我順人背，我得機，得勢，彼不得機、不得勢而出現的。

（十三）一羽不能加，蠅蟲不能落，人不知我，我獨知人

這是形容觸覺、內體感覺的靈敏度極高，稍微觸及，便能察覺到對手的虛實、中定、勁線、強弱、意念，並同時走化。在推手時，便能做到人不知我，我能知人。

（十四）英雄所向無敵，蓋皆由此而及也

別人不知我的身形落在何處，我的拳腳出自何處；而我卻提早一步知道對手的虛實、意圖、拳腳的力道與方向。高手對招，輸贏都在剎那間；所以能提早個 0.3 秒知道對手的意圖、力道、方向，則輸贏立判。

（十五）斯技旁門甚多，雖勢有區別，概不外以壯欺弱，慢讓快耳

拳術的門派很多，它們雖然姿勢、動作不一樣，但不外乎是力大的打力小的，手腳快的打手腳慢的。

（十六）有力打無力，手慢讓手快，是皆先天自然之能，非關學力而有也

所謂大力勝小力，手快勝手慢，都是動物先天的本能；如果以力量、速度克敵致勝，那就不是太極功夫。

（十七）察四兩撥千斤之句，顯非力勝；觀耄耋御眾之形，快何能為

太極拳力不爭強，捷不爭先，惟在當機赴節，我順人背，使敵千斤之力亦無用武之地，故能四兩撥千斤，越老功夫越強。

（十八）立如秤準，活如車輪，偏沉則隨，雙重則滯

立如秤準：立身要像天平一樣能權衡輕重緩急，始終保持平衡，身法端正（另解：秤準遇重則卸，不多也不少）

活如車輪：身手圓活如車輪旋轉，不但不受來力，還能把來力拋出去。

偏沈則隨：對手來力，自己必有一足偏沈，必須立即順隨，黏著走化，不加頂抗，使對方有力也不得力，有力無處用。

雙重則滯：推手時要避免兩方相抗，如果兩方相抗，動作與勁道就會鈍滯，結果還是力大勝力小者。這就是沒做好「偏沉則隨」。

雙重：1.雙方頂抗；2.自己開合不明，虛實未分。

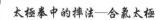

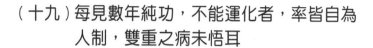

（十九）每見數年純功，不能運化者，率皆自為 人制，雙重之病未悟耳

常常見到勤練太極拳多年的人，不能走化者，往往不能制人，反而被人所制，這都是犯了雙重的毛病所致。

（二十）欲避此病，須知陰陽；沾即是走，走 即是黏，陽不離陰，陰不離陽；陰陽 相濟，方為懂勁

要避免『用力頂抗，不能走化』的毛病，就要懂得陰陽的變化。

陰：指柔、虛、輕、合、蓄勢、吸氣等。

陽：指剛、實、重、開、發勁、呼氣等。

沾：如肉沾醬汁，恐醬汁滴下，必隨醬汁的流動而流轉。指接手之輕盈，不頂、不抗、不死要，但亦不脫離。

黏：如膠似漆，不使脫離。指以「沾」接引彼勁之後，以「黏」逐漸帶至我順人背之勢，更將對方帶至至更深的懸崖邊。

連：勁力不斷，妙手一運一太極。指十三勢連環不斷，讓對手無隙可逃。

隨：因敵變化，不套死公式。指招式純熟，可隨著對手的變化而隨時變招。

能沾才能聽其勁，能聽才能黏；能黏才能連；能連才能隨。

除此之外，更要能知陰陽的變化，陰中有陽，陽中有

陰，陰陽相生，且陰陽相濟，才是懂勁。

（二十一）懂勁後，愈練愈精，默識揣摩，漸至　　　　　　　　從心所欲

懂勁以後，要多加練習，越練越細巧精密，一面實踐，一面思考，常常琢磨其中道理，練至搭手即能判斷對方力量的大小、長短、動向、快慢，進而能視透對手的意念，氣機。就能逐漸做到從心所欲，階及神明。

（二十二）本是捨己從人，多誤捨近求遠。所謂　　　　　　　差之毫釐，謬之千里。學者不可不詳　　　　　　　辨焉！是為論。

太極拳的基本原則是「捨己從人」，所以陰陽，沾、黏、連、隨、太極十三勢等都是順應客觀的態勢而變化，不強求。如能運用得當，摧枯拉朽地，挨著何處何處擊，不必遠求；但是一般人都是「我執」觀念太強，無法捨己，亦不從人。喜歡用力發人或拖曳，練出一身肌肉與橫力。如此必然出現頂、抗、丟、扁等毛病，不但不能引進落空，反而時常引進落實，造成敗勢，這就是捨近求遠。其間只是一念之差，但結果卻有非常大的不同。

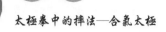

如何提問題

由於前輩高人多已經仙逝，而太極拳的應用也逐漸失傳，所以大部分的太極拳愛好者都只能照著殘存的拳譜或照片，模擬前輩高人的拳架而學習。故許多初學者時常會問老師：手擺多高？腳擺幾度？老師也許會在他模糊的記憶中，搜尋他老師手的高度、腳的位置而回答應該多高、多遠還有幾度。殊不知，多高、多遠或多少角度都不是重點，重點是在感覺與意念還有陰陽開合。因為多高多遠是因敵變化而決定的；因為問錯了問題，所以永遠不會有正確的答案。

正確的問法，應該是手腳位置的攻防意義，意念的傳遞以及用勁的技巧。最後還要檢驗是否違反拳經拳論裡所說的原理原則。而合氣太極的演武所演示的正是攻防的意義、用勁的技巧……剛好可以克服了類似的問題。可以說演武是太極拳套路的進階研習，其重要性絕對不輸給推手、揉手與散手。因為它可檢驗太極套路、用勁技巧，讓學習者有拳理可循。

靠勁用法說明

靠勁義何解。其法分肩背。
斜飛勢用肩。肩中還有背。
一旦得機勢。轟然如搗碓。
仔細維重心。失中徒無功。

太極拳中有不少靠的動作，靠勁發得好者，其勢險，其節短，擋者如被卡車撞倒，轟然飛出。但也因為其勁凶猛，一個不小心就會造成 Uke 受傷，一般的太極拳表演中比較少看到。

靠勁有一個很大的特點，就是靠勁通常很短，打的是吋勁、分勁，甚至是零距離的勁。靠勁如同將、帥親自出征，常常是用肩、背作為放勁的點，而靠勁又短，如果被對手走化，不止靠勁無效，同時又露出自身背、頸、頭等要害，陷入危險。

所以靠勁的使用時機要比其他七法還要小心才行，通常用在對手将/採我手臂，而當其勢將盡未盡時，只要輕輕順勢一靠，因為我身已被将近對手胸肋，通常可以將其靠出 4～5 步遠，甚至當場倒地。或用在已經將對手破勢，對手立身不穩喪失其無極狀態，則靠勁的威力是非常大的。

要學好靠勁，一定要先弄懂靠勁的原理與技巧──靠勁打的是能量，其物理公式為：

E = 1/2mv×2　E 是能量，m 是人體參與靠勁打擊的質量，v 是人體的速度。

從公式中可以看得出來，要讓靠勁達到最大的威力是要讓自己全部的質量在同時間產生最大的速度，並在極短的時間內將此能量完整地灌入（停在）對手的內臟，讓其內臟承受 F = ma 的最大破壞力。

但靠勁的練習與應用對大部分的初學者來說卻不太容易瞭解，因為初學者在練習靠勁時常犯了以下的錯誤：

1. 太軟了，沒有五弓混元

靠勁的威力很弱，自己也很容易受傷。從上述靠勁的原理來看，當一個人在發靠勁的時候，如果全身太鬆軟，則質量 m 從接觸對手身軀到完全停止的時間 t 太長，則 a（減速度）的絕對值變小 [a= (v2-v1) / t]，當然所發揮的威力會減弱。另一個重大的問題是：身體太軟則等同於全身的質量不在同一時間到達，當 m 分批抵達對手身軀時，若對手有所準備，而在接觸的瞬間將此靠勁反彈回來，自己後面質量與動能通通落在自己前面那鬆垮的肢體上，則速度越快越容易傷到自己。

2. 把「撞」當成靠

西洋警匪片中常常看到有人快跑，以衝的方式一頭撞進對手懷裡。撞的威力看似很大，但已經把重心完全拋出，若遇到懂得走化的對手就很容易被化掉或甚至羊入虎口成為送上門的肉包子，有去無回。而且撞需要用很大的

肌肉力，又要做很長的準備動作（助跑），通常反應力不是太差的對手都會有足夠的時間反應，所以也常常看到是兩個人撞在一起，個子大的吃定了個子小的，也不符合上述太極八法的原則。

3. 用彈斗勁以肩或背的關節迅速地打擊對手

由於初學者對於整勁的概念不清楚，身體僵直、全身筋骨之間互相牽扯，只以肩或背的關節迅速地打擊對手，質量沒有完全參與，就只有局部力量，威力也是不大，反而容易拉傷自己的筋骨，落得自己受傷。

勁別與合氣太極心法對照表

勁　別	用勁技巧	特　點	鍛鍊目標	鍛鍊方法
以力打	本力、肌肉力、衝撞、拉扯	凶猛剽悍，顯於外，準備時間長，單直，僵硬短促	肌肉強度、速度	伏地挺身、舉重、翻輪胎、拉橡皮筋
以勁打	先天勁	藏於內，不用準備時間，可蓄發同時	身心無極，五弓混元勁路、鬆沈坐落	無極樁、混元樁、潑水功、走路、爬樓梯、坐椅子…
以勢打	以太極13勢倍增先天勁威力	符合五行八卦之理，相生相剋，威力強大	招熟懂勁，陰陽開合鬆沈、開合纏絲	四象拳、合氣太極24式、太極13勢、演武、揉手
以氣打	以丹田力倍增勁、勢威力	靜如處子，動似脫兔，迅如奔雷，威似猛虎	翻江播海，盡性立命丹田運轉、練氣	太極刀、劍，發勁架、八段錦、合氣太極演武
以意打	以意念引導勁、勢、氣的方向與威力	輕靈貫串，能吞天之氣，借地之力，輕如鴻毛，重如泰山，舉手投足可發人丈外	虎吼猿鳴，水清河靜輕柔纏絲，奔放、飄逸	以意念練刀劍與拳架套路、試手對練
以神打	借力使力＋勁勢氣意	如鬼魅之附身，摟之無物，揮之不去，雖戒慎恐懼卻無計可施	應物自然，西山懸磬三不	清心無欲與萬物共存、試手對練
以虛無打			無形無相，全體透空	

授秘歌　唐．李道子　林明道編注

無形無象，全體透空
應物自然，西山懸磬
虎吼猿鳴，水清河靜
翻江播海，盡性立命

　　剛開始看到唐．李道子所寫的這首詩時，覺得似乎有些玄機在裡頭，但又不能參透；看了許多人的註解，總是覺得好像隔靴搔癢，或似是而非，無法真正突破自己的迷惑。一直等自己練到了一個程度，也與詩中描述之各個層級的高手接觸過，並加上參閱了更多道家、養生家的論述；有一天才突然豁然開朗，理解了李道子這首詩想要傳達的是練拳的境界與心法。得此心法之後，對自己的學習境界與學習方向，有了更清楚的體會，功夫也有突破性的進展；在指導學生練拳的過程，也更能知道如何幫助學生突破障礙，少走許多冤枉路。

　　現在將此心法與加上自己的一些心得，整理成文字，分享給有心深入研究太極秘境的太極拳愛好者；以助大家能節省摸索的時間，突破練拳之中各個階段的障礙，早日進入太極功夫的美妙殿堂。

　　相傳此詩是唐代李道子傳予俞蓮舟。若相傳屬實，則李道子寫下這一練功心法送給余蓮舟時，余蓮舟已經是名震一省的武林高手。因為此文是對行家高手所提，故文中

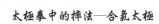

省略了許多更基礎的入門功夫；但也因如此，許多人觀
此一文章時，覺得有如天馬行空，很難弄懂此詩的真正含
意。

其實在李道子的《授秘歌》裡，這八句是在陳述追求
由「懂勁」之後，開始追尋「階及神明」所需修練的四個
境界以及修練的方法。

只是古人的文章用字遣詞精準、言簡意賅，又是文言
文，又是倒裝句，又都是以譬喻性的文字及密語來描述一
些本來就不太容易解釋的境界與練功方法。

筆者早期，也是有霧裡看花，摸不著頭緒的感覺，參
了將近五年，再加上一些因緣巧合。才看懂這簡單的 32
個字裡竟然隱藏了一大堆太極拳理論與功法。短短 32 個
字，就把太極拳從懂勁之後一直到最後的境界，及練功心
法等寶貴的經驗述說完畢。

這首詩的解讀應該是：每兩句為一組，前一句是指練
拳的境界，後一句則指修練的方法。全文是以倒裝句的方
式陳述，所以正確的註釋是從最後一行先解釋。

一、翻江播海，盡性立命

是指內力雄厚，威力驚人，源源不斷，快速絕倫的境
界。修練方法則是「丹田內轉，搬運周天，練氣化精」的
功法。

「翻江播海」是譬喻勁道如海嘯之強大，如江水之奔
騰。中醫的經絡學中，常常以穴道為湖泊，經絡為河流，
丹田為氣海之譬喻。武術家則常有丹田內轉，勁走經絡之

練法。這個境界主要是在修練自己的身與氣的結合，讓內氣在體內流串，帶動四肢百骸，引發爆發力；並有強筋健骨的功效。但因為都是鬆沈而出，不思而得，所以不耗體力、一鬆即有。不似一般武術需用肌肉力，容易氣喘如牛。

「盡性立命」是此階段的練功心法。古代養生家是以「性」比心，以「命」為體。故在此階段，要鍛鍊的是身與心的結合，氣與體的協調。古代的養生家都會以調息積氣、練氣化精、丹田運轉、周天循環、氣遍周身來作為身心修練的方法。

在更前面修練懂勁階段的太極十三勢都是不需用力的「勁」，卻可用意與氣來推動與強化。所以本階段要以丹田內轉為核心，帶動內氣流佈四肢，摧僵求柔，鍛鍊全身的協調性；如此可加強太極十三勢的爆發力，並有助於身心的健康。

但因為還有摻雜筋骨肌肉強度的鍛鍊；而且對敵時，還是以自我的意念與自身的功體來克敵。所以在此四個境界中，屬於第一層的功夫。

二、虎吼猿鳴，水清河靜

是指輕靈貫串，能吞天之氣，接地之力，凡人無法抵擋之境界。修練方法則是「練精化炁」入靜的功法。

「虎吼猿鳴」是在譬喻一個太極功夫已達「輕靈貫串」境界之人，此階段的能量是內動而非外動。從動物影視可以看到，老虎怒吼時，鬆沈貫串，而山谷震動。猿猴

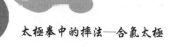

在樹上跳躍，啼聲不斷，但不影響其輕靈如飛。吼與鳴皆是以氣發出聲音，所以此階段之人，表現於外的是已經跳脫筋骨肌肉的速度與力度，而專注於意與氣的修練。

「水清河靜」是此階段的練功心法。不靜不見動之奇，而水清河淨代表心神已經沈靜。靜才容易內觀自己，靜才更容易找到勁路，靜才能更精準地掌握內動所帶來的能量流，與外在能量的波動與兩相結合。

古代養生家，則以練精化炁，守竅、溫養、內觀來讓自己更快掌握鬆靜的境界。（這個炁，無火也無米，是屬於先天之氣）

在此境界有成之人聽勁明白、動作精準、威力極大。人一侵犯，如撞奔牛，倒彈而出。或如被鱷魚咬住，死亡翻滾。但因功力很高，又經過太極文化長期薰陶，反而較少有誤傷他人的情形。對敵時，主要是以意打、以氣打。但畢竟還存在強烈的自我意念，所以在四個境界裡，屬於第二層的功夫。

三、應物自然，西山懸磬

是指輕鬆自然，卻能完全掌控對手的境界。修練方法就是不主動，不妄動，不不動的心法。

「應物自然」是譬喻不再有閃戰騰挪的技擊動作，沒有窮兇惡極的發勁攻擊，甚至沒有大方優美的招式套路。反而是動作自然流暢，好似平淡無奇一般。

這個境界，顯露在外的是沾、黏、連、隨，不頂不抗、捨己從人的太極功夫。

　　「西山懸磬」是這個階段的練功心法。「磬」是能發出聲音的石頭，隨風而鳴。「西山」是一座面湖而立的高山，山勢陡峭，山上風勢變化無窮。故懸掛於西山之磬石，風勢一來，隨風而鳴。風勢變化，則隨之高低起伏。風停即止。

　　這剛好符合太極拳捨己從人功夫所要求的：不主動、不妄動、不不動的特性。主要修練的標的是觀念，是心。要拋棄自我主觀意念，反而融入對手的勢裡。

　　此階段有成之人，已能掌控對手如布偶。人一侵犯，即隨之起舞，如鬼魅附身，揮之不去，撞之不開，摟之無物。戒慎恐懼，卻無計可施。

　　此時要打、要踢、要拿、要摔，無不順手沾來。但因功力極高，又能完全掌控情勢，幾乎不會有所閃失。因為此時對敵，完全以對方的勢與意來化、拿、踢、打，幾乎沒有自我的意念，但因尚需跟隨對手的勁、勢，故在四個境界中，屬於第三層的功夫。

四、無形無象，全體透空

　　至此境界，無形無象，已經沒有敵我意識，當對手有任何的意念，動作，影響到陰陽平衡，自動產生陰陽開合。此階段的練功心法是「空無」是「無極」。

　　「無形無象」是譬喻不需有形有象的動作或攻防。能完全掌控對手的來勁與意念。前面幾個境界的功法，自動流出，不思自得。

　　對手會有一片空白的時空頓點，連戒慎恐懼的時間都

沒有了，而直接發生無可避免的崩潰。

　　「全體透空」是此階段的修練心法。已經達到老子所說的「致虛極，守靜篤」、「復歸於無極」、「故常無，欲以觀其妙」一切回歸無極，一切合乎老子所說的「道」。

　　至此階段，非根器上乘，聰慧曉悟之人，無法練成。因無形無象，已經無敵我意識。故在此四個境界中，屬於第四層功夫。

合氣太極養生協會

在民國 101 年 1 月 01 日，我們一群有共同理念的好友成立了合氣太極養生協會，因為：

1. 要練好太極，一定要以古典太極拳精闢的招式、理論及養生功法為基礎。所以前輩高人所創設的套路一定要弄清楚，不能隨便改，套路與基本功的傳承不能中斷。

2. 要練好太極，一定要能招熟懂勁。所以一定要還原太極拳中摔、打、踢、拿的試手對練，彌補了現代太極拳與古典太極拳之間的重大差異，大家才有可能更上一層樓。

3. 要練好太極，一定要養成捨己從人的習性。一想爭勝，必患不用拙力的戒律，又走了回頭路。所以要有一群相同理念的朋友一起練習，大家都以「合」為法，不以勝負為重，不以傷害對手為目標，人人崇尚不用力地沾、黏、連、隨，並互相分享心得，互相鼓勵。

4. 要練好太極，一定要有一個現代化、科學化並很安全的學習系統，所以我們一定要參考別人的長處，截長補短、求新求變，這樣的太極拳才能長久傳承而不再持續失真。

要同時完成上面的四個條件，必須有高超的拳藝、紮實的理論研究、豐富的教學經驗、安全的道場，嚴格的規範與制度……，更要系統化、制度化地來將這些理念推廣給廣大的太極拳愛好者。有些東西我們已經有了部分成

果，有些還有待進一步努力，要持續推動這些理念，有許
多的工作需要更多的人力、物力來做，實非個人所能推動
得了。

　　讓一群有共同理念的拳友齊聚一堂，並共同為這個理
念來努力，是整件事情成敗最重要的關鍵，所以我們成立
了這個協會，就是要創造一個優良的練習環境，讓大家在
此環境中能共同練習、分享心得、持續成長，並凝聚成一
股善的力量，共同來為這強調武德，有防身、健身、養生
效果又有文化傳承的活動來努力，使我中華武術能永續傳
承，並能發揚光大。

　　教練群：（2013-09-01 為止）
　　總教練　　田　豐　合氣太極八段
　　副總教練　林明道　合氣太極六段
　　教練　　　張晏豪　合氣太極四段
　　教練　　　巫炫毅　合氣太極三段

支部・分會一覽表

名　稱	教　練	地　　點	聯　絡　電　話	聯絡人
合氣太極養生班	林明道	臺北市二二八公園	0911-765-643	張晏豪
合氣太極基礎班	林明道	臺北市二二八公園	0911-765-643	張晏豪
合氣太極進階班	林明道	臺北市二二八公園	0920-934-912	林明道
合氣太極教練班	田　豐	不定期開班	0911-765-643	張晏豪
警察專科學校－擒拿社	田　豐	臺北市興隆路三段153號	0911-765-643	張晏豪
台灣大學－合氣太極社	張晏豪	臺北市羅斯福路四段1號	0936-535-171	徐聖甯社長
合氣太極林森道場	巫炫毅 林明道	台北市林森北路67巷7號二樓	0980-073-438	巫炫毅
合氣太極林口場	林明道	新北市林口區麗林國小旁	0910-069-258	蔡春發

合氣太極部落格：http://blog.yam.com/davidlintaipei

合氣太極 FaceBook 社團：合氣太極

作者電子信箱：davidlin0219a@hotmail.com

太極武術教學光碟

 太極功夫扇
五十二式太極扇
演示：李德印 等
(2VCD)中國

 夕陽美太極功夫扇
五十六式太極扇
演示：李德印 等
(2VCD)中國

陳氏太極拳及其技擊法
演示：馬虹(10VCD)中國
陳氏太極拳勁道釋秘
拆拳講勁
演示：馬虹(8DVD)中國
推手技巧及功力訓練
演示：馬虹(4VCD)中國

陳氏太極拳新架一路
演示：陳正雷(1DVD)中國
陳氏太極拳新架二路
演示：陳正雷(1DVD)中國
陳氏太極拳老架一路
演示：陳正雷(1DVD)中國

陳氏太極拳老架二路
演示：陳正雷(1DVD)中國
陳氏太極推手
演示：陳正雷(1DVD)中國
陳氏太極單刀・雙刀
演示：陳正雷(1DVD)中國

 **郭林新氣功**
(8DVD)中國

本公司還有其他武術光碟
歡迎來電詢問或至網站查詢
電話：02-28236031
網址：www.dah-jaan.com.tw

原版教學光碟

歡迎至本公司購買書籍

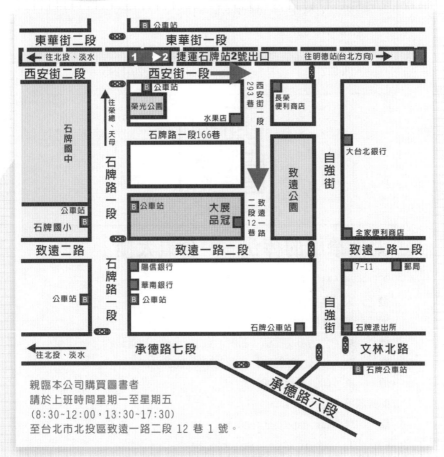

親臨本公司購買圖書者
請於上班時間星期一至星期五
(8:30~12:00，13:30~17:30)
至台北市北投區致遠一路二段 12 巷 1 號。

建議路線
1.搭乘捷運‧公車
　　淡水線石牌站下車，由石牌捷運站２號出口出站(出站後靠右邊)，沿著捷運高架往台北方向走(往明德站方向)，其街名為西安街，約走100公尺(勿超過紅綠燈)，由西安街一段293巷進來(巷口有一公車站牌，站名為自強街口)，本公司位於致遠公園對面。搭公車者請於石牌站(石牌派出所)下車，走進自強街，遇致遠路口左轉，右手邊第一條巷子即為本社位置。

2.自行開車或騎車
　　由承德路接石牌路，看到陽信銀行右轉，此條即為致遠一路二段，在遇到自強街(紅綠燈)前的巷子(致遠公園)左轉，即可看到本公司招牌。

國家圖書館出版品預行編目資料

太極拳中的摔法——合氣太極／林明道　巫炫毅　著
——初版——臺北市，大展，2013[民102.08]
面；21公分——（合氣太極；1）
ISBN 978-957-468-967-5（平裝）
1. 太極拳
528.972　　　　　　　　　　　　　102011245

太極拳中的摔法——合氣太極①

著　　者／林　明　道、巫　炫　毅

發 行 人／蔡　森　明

出 版 者／大展出版社有限公司

社　　址／台北市北投區（石牌）致遠一路2段12巷1號

電　　話／(02) 28236031・28236033・28233123

傳　　真／(02) 28272069

郵政劃撥／01669551

網　　址／www.dah-jaan.com.tw

E-mail／service@dah-jaan.com.tw

登 記 證／局版臺業字第2171號

承 印 者／傳興印刷有限公司

裝　　訂／承安裝訂有限公司

排 版 者／千兵企業有限公司

初版1刷／2013年（民102年）8月

定　價／350元

大展好書　好書大展
品嚐好書　冠群可期